Pino Arlacchi
Ware Mensch

Pino Arlacchi

Ware Mensch

Der Skandal des modernen Sklavenhandels

Aus dem Italienischen
von Enrico Heinemann

Piper
München Zürich

Die Originalausgabe erschien 1999
unter dem Titel »Schiavi. Il nuovo traffico
di esseri umani« bei Rizzoli in Mailand

ISBN 3-492-04245-7
© 1999 RCS Libri S.p.A., Mailand
Deutsche Ausgabe:
© Piper Verlag GmbH, München 2000
Satz: Dr. Ulrich Mihr GmbH, Tübingen
Druck und Bindung: Pustet, Regensburg
Printed in Germany

Der Stolz des Menschen macht ihn herrschsüchtig
[...] Aus diesem Grunde wird er im allgemeinen
die Arbeit von Sklaven der von freien Männern
vorziehen, sofern das Gesetz es erlaubt und
die Art der Arbeit es zuläßt.

Adam Smith, *Der Wohlstand der Nationen*

für Enza

Inhalt

Vorwort

Die Idee zu diesem Buch nahm Anfang der achtziger Jahre Gestalt an – als Teil eines großangelegten Untersuchungsvorhabens zu den illegalen Märkten dieser Welt. Ich lehrte damals an der Università della Calabria und hatte soeben die Arbeiten zu meinem Buch *Mafiose Ethik und der Geist des Kapitalismus. Die unternehmerische Mafia* abgeschlossen. Im letzten Kapitel skizzierte ich das System des internationalen Drogenhandels und versuchte die wichtigsten kriminellen Akteure auszumachen.

Warum nicht einen Schritt weitergehen und versuchen, den Aufbau der globalen organisierten Kriminalität insgesamt zu rekonstruieren? Deren Konturen zeichneten sich damals am Horizont der soziologischen Forschung und des öffentlichen Bewußtseins ab.

Die Thematik stellte sich sofort als besonders komplex heraus und hielt mich sehr lange beschäftigt. (Tatsächlich arbeite ich immer noch daran.) Ich habe die Ergebnisse in einzelnen Etappen veröffentlicht. So erschien 1988 in der *Rassegna Italiana di Sociologia* der »Saggio sui mercati illegali«, ein Essay über die illegalen Märkte. Es ging mir darin um die spezifischen Mechanismen dieses neuen Sektors der internationalen Wirtschaft. Der Schwerpunkt lag erstmals auf dem Menschenhandel als einem wesentlichen Bestandteil der organisierten Kriminalität. 1993 veröffentlichte ich eine Art Reportage über die sexuelle Versklavung von Menschen auf der ganzen Welt. Ein Jahr später vereinbarte ich mit dem Verlag Rizzoli die Veröffentlichung eines Buches zu den modernen Formen der Sklaverei.

1994 wurde ich allerdings auch ins Parlament gewählt. Die parlamentarische Arbeit verzögerte den Fortgang des Projektes beträchtlich – obwohl dank der neuen Möglichkeiten des Internet die Dokumentation auf Hochtouren vorangetrieben werden konnte. Im Frühjahr/Sommer 1997 war der Band schließlich fast fertig für den Druck.

Allerdings erhielt ich gerade zu dieser Zeit einen Vorschlag des Generalsekretärs der Vereinten Nationen, Kofi Annan, die Leitung der Drogen- und Kriminalitätsbekämpfung der UNO in Wien zu übernehmen. Als ich zusagte, ahnte ich nicht, daß ich auf einen fahrenden Zug aufsprang. Damals wurde gerade die Sondersitzung der UN-Vollversammlung zum Drogenproblem vorbereitet. Bei dieser für Juni 1998 in New York anberaumten Versammlung sollten die Länder der Welt für das kommende Jahrzehnt eine gemeinsame Strategie im Kampf gegen die Drogen ausarbeiten.

Mit den Vorbereitungen waren zahlreiche Konferenzen, Reisen in alle Teile der Welt, die Organisation von Untersuchungen und das Erstellen von Vorschlägen und Programmen verbunden. Dies alles hinderte mich daran, mein Buch endlich fertigzustellen. Das Manuskript drohte schließlich in der Schublade zu verstauben.

Daß ich mich ihm dann doch wieder zuwandte, verdanke ich weniger dem eigenen Antrieb als vielmehr meinem Verlag, meinem Agenten und meinem Freund Luigi Barnabò. Sie setzten mir so lange zu, bis ich mich wieder an die Arbeit machte. Nach geringfügigen Aktualisierungen stellte ich schließlich auch die Anmerkungen und die »Schlußfolgerung« fertig.

Das Thema des Buchs ist uferlos. Die neuen Formen der Sklaverei gehören heute zu den massivsten Menschenrechtsverletzungen. Hoffentlich ist es mir gelungen, ein anschauliches Bild von den Triebkräften, den Fakten und den wichtigsten Protagonisten dieser gewaltigen Tragödie zu zeichnen, die sich tagtäglich in fast allen Teilen der Welt im verborgenen und ohne große öffentliche Anteilnahme abspielt. Und ich hoffe, dieses Buch ermuntert seine Leser dazu, sich am Kampf gegen die moderne Sklaverei zu beteiligen.

Schließlich habe ich die Pflicht, darauf hinzuweisen, daß dieses Buch rein persönliche Wertungen enthält, die nichts mit meinen augenblicklichen Aufgaben bei den Vereinten Nationen zu tun haben. Schon deshalb nicht, weil das Buch vor meinem Eintritt in die UNO entstanden ist. Sie ist folglich auch für keine der hier enthaltenen Aussagen verantwortlich.

Duschambe, 18. April 1999   Pino Arlacchi

Sklaven und Sklaverei

Der Fortschrittsmythos

Sklaverei ist die vollständige Verknechtung des Menschen mit dem Ziel, ihn auf vielfältige Art auszubeuten. Als eine spezifische Art des Parasitentums begegnen wir ihr im Wirtschaftsleben, im Verhältnis der Geschlechter zueinander wie in der Psychologie und Ethik der zwischenmenschlichen Beziehungen. Ihre Basis ist nackte Gewalt: Das Opfer verliert jedwede Verfügung über sich selbst und gerät unter die absolute Herrschaft eines anderen.

Die Vorstellung, daß man einen Menschen besitzen, nutzen und verkaufen oder ihn wie ein Haustier halten kann, geht auf die Antike zurück und war fast überall verbreitet. Die bedeutendste politische Abhandlung der Antike, die *Politik* des Aristoteles, beginnt mit einer berühmt gewordenen Verteidigung der Sklaverei. Die Stellung der Frau, des Sklaven und des Haustieres werden hier in einem Atemzug abgehandelt.[1]

Solche Anschauungen werden nur allzu leicht belächelt und gelten als Tribut eines ansonsten überraschend modernen Denkers an seine Zeit. In Wahrheit zieht sich die Gleichsetzung von Sklave und Haustier wie ein roter Faden durch die Geschichte der Menschheit. Sie kam in den Namen der Sklaven ebenso zum

Ausdruck wie in ihrem Tauschwert, der mit einer bestimmten Anzahl Rinder, Pferde, Schafe oder Schweine beziffert wurde.

Nur wenigen ist bekannt, daß die Sklaverei noch immer existiert, und noch weniger wissen, daß alljährlich in Genf ein Ausschuß der Vereinten Nationen zusammentritt, um über moderne Formen der Sklaverei zu beraten. Bei »Sklaven« denken die meisten an Menschen in Ketten, an Segelschiffe voller gemarterter Schwarzer auf dem Weg in die Vereinigten Staaten oder nach Brasilien, an Baumwollplantagen, *Vom Winde verweht* oder *Onkel Toms Hütte*: ein abgeschlossenes Kapitel in der Geschichte, böse Erinnerungen an die frühkapitalistische Ausbeutung und an grausame Praktiken, die sich in diesem neuen Millenium nicht wiederholen werden.

Zu den überzeugendsten Argumenten, auf die Fortschrittsgläubige gerne verweisen, gehört neben der »Ächtung« des Krieges auch die endgültige Abschaffung der Sklaverei im 19. Jahrhundert.[2] Mit der Verabschiedung eines entsprechenden Gesetzes durch das brasilianische Parlament im Jahre 1888 sei – so der weitverbreitete Mythos vom moralischen Progreß der Menschheit – die letzte Bastion der gesetzlich gedeckten Entwürdigung des Menschen gefallen.

Noch ist es zu früh, um dem 20. Jahrhundert ein Etikett anzuheften und festzulegen, wo auf der Skala der Menschenrechtsverletzungen, auf der das Schlachten in den Weltkriegen, der Holocaust und die Völkermorde einen Platz gefunden haben, die modernen Formen der Sklaverei einzuordnen sind.

Immerhin beinhaltet der Fortschrittsmythos auch

ein Körnchen Wahrheit: daß die – von den ersten griechischen Philosophen bis zu den amerikanischen Groß-
grundbesitzern des 19. Jahrhunderts geteilte – Überzeugung verschwunden ist, wonach die Sklaverei etwas
ganz Natürliches sei, daß auf ihr die wirtschaftliche
und gesellschaftliche Ordnung aufbaue und daß sie im
Dienste des allgemeinen Fortschritts erhalten bleiben
müsse.[3] Heute wagen es nicht einmal mehr die Führungsfiguren totalitärer Regime oder die Sklavenhalter
in Mauretanien, die Grundprinzipien der allgemeinen
Menschenrechtserklärung von 1948 in Frage zu stellen.

Jedem Gesetzbuch, jedem Vertragswerk und jeder
Verfassung liegen heute individuelle Freiheitsrechte
und demokratische Werte zugrunde. In allen Teilen der
Welt wird Sklaverei streng verurteilt: durch das kol-
lektive Bewußtsein, durch Gesetze und durch die allgemein anerkannten Regeln des Zusammenlebens. Wenn
man sich heute dennoch mit der Sklaverei befaßt, so
könnte dies als Sensationslust anmuten, als ein voyeuri-
stisches Interesse an einem historisch längst überholten
Phänomen.

Die Wahrheit sieht ganz anders aus. Die Selbstzu-
friedenheit der Menschheit über ihre Errungenschaften
verschleiert die tatsächlichen Verhältnisse. So verwech-
seln viele die gesetzliche Abschaffung der Sklaverei mit
deren realem Verschwinden. Dabei übersehen sie zweierlei: Die älteste Form der Ausbeutung des Menschen
durch den Menschen blieb nicht nur bis weit ins
20. Jahrhundert bestehen: Sie hat in den siebziger Jahren sogar an Bedeutung gewonnen. So beginnt die
Autorin einer der bekanntesten Studien zu den weitverbreiteten Formen der Versklavung von Frauen ihr Buch

mit den Worten: »Als ich Mitte der siebziger Jahre über *Sexuelle Versklavung der Frauen* schrieb, schien das Thema so tief verschüttet, daß sich nur mit Schwierigkeiten Beweise dafür finden ließen, wie Frauen zur Prostitution gezwungen und Objekte des internationalen Handels wurden. Der ›Mädchenhandel‹ war zu einem historischen Fundstück geworden, zu etwas, das möglicherweise im 19. Jahrhundert passiert war, aber nicht einmal darin herrschte Gewißheit.«[4]

Im Zuge der Globalisierung der Kommunikation und der Märkte – trotz Wirtschaftswachstum und Vormarsch der Bürgerrechte in den entwickelten Ländern – sind in den letzten drei Jahrzehnten jedoch auch die Formen der modernen Sklaverei vielfältiger geworden und haben an Bedeutung gewonnen.

Es geht hier also nicht um Relikte aus der Vergangenheit oder um bizarre Ausnahmen, sondern um eine menschliche Tragödie von gewaltigem Ausmaß. Hinter ihr verbirgt sich ein zügelloses Profitstreben, das keine Grenzen und Schranken kennt. Der Londoner Organisation Anti-Slavery International zufolge leben heute über 200 Millionen Menschen in einem Zustand der Sklaverei. Angesichts dieser Dimensionen verblassen die Zahlen der Vergangenheit: Nach Berechnungen US-amerikanischer Wissenschaftler, die Register und Dokumente zum Menschenhandel zwischen Afrika und der Neuen Welt ausgewertet haben, überschritt die Anzahl dieser Opfer in einem Zeitraum von 400 Jahren nicht die Zwölfmillionenmarke.[5]

Erschreckend sind vor allem die jüngsten Zahlen für die drei Dezennien vom Beginn der siebziger Jahre bis heute. In diesem Zeitraum sind nach Schätzungen allein in Asien zirka 30 Millionen Frauen und Kinder mit dem Ziel der sexuellen Ausbeutung versklavt worden.[6] Zählt man die 100 Millionen Kinder hinzu, die nach der Internationalen Arbeitsorganisation (IAO) brutal und schamlos ausgebeutet werden, bekommt man einen Eindruck vom Ausmaß einer der verheerendsten und am wenigsten bekannten Mißstände der gegenwärtigen Epoche.

Die zeitgenössische Sklaverei manifestiert sich in vielerlei Formen, aber keine davon ist neu. Die drei häufigsten – die erzwungene Prostitution von Frauen und Kindern, die Zwangsarbeit und die Schuldknechtschaft – sind uralte gesellschaftliche Auswüchse,[7] die seit der griechisch-römischen Antike und seit Jahrtausenden auch in den asiatischen und afrikanischen Gesellschaften bekannt sind.[8]

Die gesellschaftliche Ächtung und Gesetze zur Abschaffung im 18. und noch verstärkt im 19. Jahrhundert dämmten die Sklaverei vorübergehend ein; danach trat sie erneut als wichtiger Wirtschaftsfaktor in Erscheinung: auf den legalen Märkten mit der systematischen Ausbeutung von Minderjährigen in der Landwirtschaft, der Fischerei, der Textil- und Bekleidungsindustrie und im Bergbau in verschiedenen asiatischen Ländern; in Grauzonen der Wirtschaft wie der Schuldknechtschaft oder Zwangsarbeit in China, Indien, Brasilien, Myanmar (Birma), Nepal und anderswo; und in halblegalen Bereichen wie der Anwerbung und Vermittlung von Frauen und Mädchen, die in den Bordellen Südostasiens und der übrigen Welt sexuell ausgebeutet werden.

Ein Zusammenwirken verständlicher Entwicklungen einerseits und übelster Machtverhältnisse andererseits sorgte für eine Renaissance der extremsten Form der Herrschaft des Menschen über den Menschen beziehungsweise des Mannes über die Frau – mit dem alleinigen Motiv des Profitstrebens. Dies macht denn auch den entscheidenden Unterschied zur »historischen« Sklaverei aus, hinter der noch vielfältige Absichten und Zwecke standen.

Sklaven dienten nicht nur als billige Arbeitskräfte in Landwirtschaft, Bergbau und Gütererzeugung. Sie unterstrichen zugleich das Prestige und die politische Bedeutung des Landes. Sklaven errichteten Pyramiden, Denkmäler und Kathedralen. Sie starben den zeremoniellen Opfertod, kämpften in Kriegen und Zirkussen, dienten in Palästen der Vornehmen und Neureichen und ruderten Kriegsgaleeren. Sie kündeten vom Reichtum und Ansehen ihres Herrn und befriedigten nach Adam Smith und einigen Zeitgenossen[9] sogar eher den Machthunger als die Profitgier ihrer Herrschaft: »Der Stolz des Menschen macht ihn herrschsüchtig, und nichts kränkt ihn mehr, als sich herablassen zu müssen, um Untergebene zu überzeugen. Aus diesem Grunde wird er im allgemeinen die Arbeit von Sklaven der von freien Männern vorziehen, sofern das Gesetz es erlaubt und die Art der Arbeit es zuläßt.«[10]

Ganz im Gegensatz dazu ist – mit Ausnahme der Kindersoldaten in manchen afrikanischen Regionen – heute keine nennenswerte Form der Sklaverei mehr bekannt, bei der es nicht ausschließlich darum ginge, aus dem Opfer eine möglichst große Arbeitsleistung herauszupressen. Diesem Ziel dient auch der Menschenhandel und die sexuelle Ausbeutung von Frauen und Kindern. Das hat vor allem einen Grund: Die Sklaverei steht heute fast überall unter Strafe und findet deshalb im verborgenen statt. Die Sklavenhaltergesellschaften sind untergegangen, nicht aber der Beitrag von Sklavenarbeit zum Wirtschaftsleben. Immerhin sind heute die Zeiten vorbei, in denen die Besitzer im Gefolge ihrer Sklaven durch die Stadt spazieren oder widerspenstige Sklaven öffentlich auspeitschen lassen konnten.

Die Haltung von Sklaven ist heute überall illegal. Die modernen Sklaven sind – rein rechtlich – freie Individuen, die aus eigenem Antrieb ein Abhängigkeitsverhältnis eingegangen oder in es hineingeraten sind. Rein theoretisch können sie ihren Kerkermeistern entkommen. Auch sind die Verträge, die Menschen zeitweilig zu Sklaven degradieren, selten schriftlich fixiert. Deshalb spricht man heute von indirektem Zwang und der Ausnutzung wirtschaftlicher Notlagen – während die Sklaven früherer Zeiten unmittelbar physisch unterdrückt wurden.

Aber dies hat die Situation der Opfer kaum verbessert. Heute müssen sechsjährige pakistanische Mädchen für eine Mahlzeit, eine Unterkunft und etwas Kleingeld vierzehn Stunden am Tag in Teppichmanufakturen schuften. Vor diesem Hintergrund ist die Abschaffung der Sklaverei 1960 in Saudi-Arabien und 1970 im Sultanat Oman nur ein schwacher Trost. Die Mechanismen der Unterdrückung sind berechnender und diskreter geworden, aber die schamlose Ausbeutung ist noch immer dieselbe. Manchmal ersetzen wirtschaftliche Zwänge die gewaltsame Unterdrückung, und manchmal kommen diese zu ihr noch hinzu.

Das Verbot der Sklaverei bedeutet zweifellos einen Schritt nach vorn. Denn heute geht es vor allem darum, Gesetzesverstößen auf die Spur zu kommen und sie wirksam zu bekämpfen. Aber das hartnäckige Fortleben der Sklaverei zeigt, daß dieses Problem schwerer zu fassen und vielschichtiger ist als gemeinhin angenommen.

Die Warenfiktion

Daß hinter der zeitgenössischen Sklaverei rein wirtschaftliche Ziele stehen, hängt auch mit einem weiteren Faktor zusammen: mit der Vorstellung, daß der Mensch und seine Arbeitskraft als gewöhnliche Produktionsfaktoren und mithin als Waren zu betrachten seien.

So gründet die institutionelle Sklaverei stillschweigend auf der Annahme, in die Warenbeziehungen des Marktes müßten auch der Mensch und seine Arbeit integriert werden. Der Herr sieht den Sklaven als reines Tauschobjekt, und die Gemeinschaft teilt mit wenigen Ausnahmen diese Überzeugung.

Aber dies ist vollkommen falsch – und nicht nur aus der Sicht derjenigen, die von der naturgegebenen Gleichheit der Individuen überzeugt sind, sondern auch nach einer auf Empirie beruhenden Definition der Ware.

Weder der Sklave noch seine Arbeit erscheinen manifest als Waren oder können als solche betrachtet werden. »Arbeit ist bloß eine andere Bezeichnung für eine menschliche Tätigkeit, die zum Leben an sich gehört, das seinerseits nicht zum Zwecke des Verkaufs, sondern zu gänzlich anderen Zwecken hervorgebracht wird«,[11] schreibt Karl Polanyi in seinem bedeutenden Werk zur den Ursprüngen der Gesellschaft und der Wirtschaftssysteme. Die Behauptung, die Logik des Marktes beherrsche auch die Bestimmung der Menschen, zielt auf die Zerstörung von dessen physischer und psychischer Substanz.

Auch die gegenwärtigen »leichteren« Formen von Zwangsarbeit fallen unter diese Bewertung, insofern die Arbeit als ein besonderer Typ Aktivität nicht vom übrigen Leben abgetrennt oder aufbewahrt werden kann. »Die angebliche Ware ›Arbeitskraft‹«, so Polanyi weiter, »kann nicht herumgeschoben, unterschiedslos eingesetzt oder auch nur ungenutzt gelassen werden, ohne damit den einzelnen, den Träger dieser spezifischen Ware, zu beeinträchtigen.«[12]

Die Beschreibung der Arbeit als eine Ware beruht folglich auf einer Fiktion. Die Beziehung zwischen Herrn und Sklaven beinhaltet eine selbstzerstörerische Spannung, die je nach Grad des Bewußtseins von beiden Polen der Beziehung wahrgenommen wird. Die Angst, die bekanntlich die Psyche des Herrn beherrscht, wurzelt im Bewußtsein der Künstlichkeit seiner Beziehung zum Sklaven. Seine Herrschaft ist nur um den Preis eines immerwährenden Krieges, der ständigen und unbarmherzigen Gewalt gegen den Sklaven aufrechtzuerhalten. Die Knute ist deshalb zum Symbol für alle Formen der Sklaverei geworden, auch für die indirekten und weniger sichtbaren.

Die Angst des Herrn und seine obsessive Wachsamkeit gegenüber jedweder Bedrohung seiner Herrschaft sind heute, da die Sklaverei jeden rechtlichen Status verloren hat, noch sehr viel intensiver. Der heutige Sklavenhalter ist sich der Fiktion, die seiner Beziehung zu seinem Opfer zugrunde liegt, vollauf bewußt. Er weiß, daß er nicht die Arbeit eines Menschen, sondern vielmehr dessen Leben gekauft hat und es nutzt.

Wenn die Sklaverei noch heute praktiziert wird, so nur deshalb, weil sie außergewöhnliche Profite verspricht. Aber auch in der Vergangenheit war sie – trotz verlockender Vorteile und einer weitgehenden Akzeptanz in der Gesellschaft und in der geistigen Elite – niemals ganz selbstverständlich. Da die Persönlichkeit des Sklaven mit einem hohen Maß an Brutalität und körperlichem Schmerz gebrochen und eine perverse Beziehung zwischen Menschen hergestellt werden mußte, umgab die Sklaverei von jeher ein düsterer Nimbus. Nach Ansicht von manchen Beobachtern bedeutet sie eine Verletzung der menschlichen Würde, die in den Ausmaßen nur noch von der systematischen Erniedrigung in den Konzentrationslagern der Nationalsozialisten übertroffen wurde.

Am Anfang des Leidensweges in die Sklaverei stand von jeher ein unauslöschliches Trauma: die Degradierung zum Nutztier oder zur Sache. Diese drastische »Reduktion«, die die Voraussetzung des Profits und der Bereicherung des Sklavenhalters bildet, ist nur durch Methoden zu erreichen, die das Opfer vollständig erniedrigen und seine Identität und Würde zerstören. An dieser Stelle sei nur an den Beginn des Leidensweges der schwarzafrikanischen Sklaven in der Neuzeit erinnert.

»Der Großteil der afrikanischen Sklaven waren

Kriegsgefangene oder die Beute von Sklavenhändlern. Nach der Gefangennahme wurden sie mit einem Strick gefesselt und mußten Hunderte von Meilen hungernd, durstend und bis zur völligen Erschöpfung marschieren. Noch ehe sie die Küste erreichten, brachen viele tot zusammen oder waren am Ende. Die Überlebenden wurden ans Ufer getrieben. Dort mußten sie auf und ab hüpfen, sich von einem Arzt die Genitalien betasten und ihre Zähne inspizieren lassen. Die von den Europäern Ausgewählten wurden mit einem Brandzeichen versehen.

Sie wurden im Laderaum des Schiffes nackt an Holzpritschen gekettet, so dicht beieinander, daß sie die Beine nicht anheben konnten. Auf der berüchtigten mittleren Passage (einer zwei- bis dreimonatigen Reise) wurden ihnen nur zweimal pro Tag die Ketten abgenommen, damit sie essen und sich etwas Bewegung auf dem Schiff verschaffen konnten. Frauen und Kinder durften länger auf der Brücke bleiben. Die stickige und verpestete Luft im Laderaum, die unerträgliche Hitze und das stundenlange Sitzen in den eigenen Exkrementen und auf dem Boden, der mit Schleim und Blut besudelt war, waren der Nährboden für eine Vielzahl an Infektionen. Etwa 16 Prozent starben an Mangelernährung oder Krankheiten.

Die ersten Wochen der Reise waren für die Afrikaner das größte Trauma. Manche kamen um den Verstand, andere verloren über ihrer Trauer den Lebenswillen. Sklaven, die diesem Zustand verfallen waren, litten an der sogenannten *fixed melancholy* (einer dauerhaften Depression). Aber nicht alle Afrikaner waren durch den Schock vollständig gelähmt. Einige konnten sich mit der Sklaverei nicht abfinden und nahmen sich das Leben. Sie sprangen (vor allem, solange die afrikanische Küste noch in Sicht war) über Bord und ertranken, andere verweigerten Nahrung und Medikamente.«[13]

Moses Finley, einer der bedeutenden Altertumsforscher, hat festgestellt: Obwohl Sklaven in den meisten bekannten Gesellschaften eine Rolle spielten, gab es in der Geschichte nur fünf echte Sklavenhaltergesellschaften von Dauer: zwei in der griechisch-römischen Antike und die anderen in der Neuen Welt.[14] Regierungen, Könige und Philosophen betrachteten die Sklaverei keineswegs als etwas ganz Alltägliches und Selbstverständliches, über das man gedankenlos hinwegging. Vielmehr wurden seit den Anfängen der Zivilisation der Nutzen und die Gefahren der Sklaverei für die Gesellschaft sorgfältig gegeneinander abgewogen. Und immer wieder löste sie Diskussionen aus.

Selbst Aristoteles hatte trotz fester Überzeugungen das Bedürfnis klarzustellen, daß hier zwei verschiedene Standpunkte aufeinanderträfen. Nach dem ersten sei die »Herrschaft des Herrn« eine Wissenschaft und in gleicher Weise zu bewerten wie die Regierung eines Staatsmannes oder Königs.

Rhetoren wie Alkidamas von Elaias oder die Sophisten Antiphon und Lykophron sahen dies freilich anders. Nach ihnen ist die Herrschaft des Sklavenhalters widernatürlich. Sklaven und freie Bürger seien erst durch Gesetze geschaffen, denn »Gott hat alle als Freie erschaffen, niemanden hat die Natur zu Sklaven gestempelt«.[15] Die Herrschaft über Sklaven sei, da auf

Gewalt beruhend, als Unrecht zu betrachten.[16] Beiden Sichtweisen sollte bekanntlich eine lange Lebensdauer beschieden sein.

Die Wahrnehmung der Gefahren einer solchen Herrschaftsbeziehung zwischen Menschen spiegelt sich auch in einigen Definitionen des Sklaven wider. In der mittelalterlichen Toskana galt er als *Nemico interno,* der »innere Feind«. Darunter verstand man einen Ausländer, der selbstverständlich nicht an der Gemeinschaft teilhaben konnte, weil er aus einer fremden und feindlichen Kultur stammte, vor dem man sich folglich in acht nehmen mußte.[17]

Auch dieser Aspekt der Sklaverei ist den Denkern der griechischen Antike nicht entgangen. Selbst Platon, der die Sklaverei mit dem Gedanken von der geistigen und moralischen Minderwertigkeit des Sklaven rechtfertigte, war sich durchaus bewußt, daß der Sklave selbst dieser Ansicht nicht zustimmen würde. So läßt er eine seiner Figuren sagen: »Durch welche Besitztümer möchte aber wohl ferner jemand den angemessenen Besitzstand sich verschaffen? Bei den meisten Besitztümern hat das Erkennen und Erlangen derselben keine Schwierigkeit, bei den Sklaven aber ist es in jeder Beziehung schwierig.«[18]

Platon wußte sehr wohl um die großen Risiken, denen der Sklavenhalter ohne Schutz ausgeliefert war. So malt er den Zeitgenossen mahnend die Gefahren aus: Versucht mit fünfzig Sklaven im Gefolge vor der Stadt einen Spaziergang zu unternehmen. Die Angst, daß euch im Fall eines Aufstandes eurer Sklaven niemand zur Hilfe eilen kann, führt euch eure heikle Lage vor Augen.

So werden denn auch nicht zufällig heute die wichtigsten Sklavenmärkte von Kräften kontrolliert, die sich auf professionelle Gewalttäter stützen – von Mitgliedern der organisierten Kriminalität.

Schon 1767 hatte der britische Nationalökonom Sir James Steuart bemerkt: Wenn Menschen nicht freiwillig arbeiten wollten, könnte man Leistungen aus ihnen nur durch Zwang und Versklavung herausziehen. Es gebe keinerlei natürliche Anlage im Menschen zur Verrichtung niederer Arbeiten, sei es freiwillig oder erzwungenermaßen. Adam Smith glaubte an eine natürliche Neigung des Menschen, möglichst viel zu essen und möglichst wenig zu arbeiten. Und die würde er nur dann überwinden, wenn er die Möglichkeit zum Erwerb von Eigentum habe. Besitzlose Menschen, so der schottische Wirtschaftsphilosoph, legten dagegen die Hände in den Schoß, sobald sie ihr Überleben gesichert hätten. Überschüsse – also für andere – würden diese Menschen nur nach Anwendung von Gewalt produzieren.[19]

Die in den antiken Gesellschaften fast überall verbreitete Sklaverei und die modernen Formen der Sklaverei heute werden mit einem unterschiedlichen Maß an Gewalt durch die Nutznießer aufrechterhalten. Sobald es die Herrschaftsbeziehungen zuließen, zogen Bauern, Handwerker und Erzeuger den selbständigen Broterwerb einer abhängigen Beschäftigung vor – auch wenn sie weniger dabei verdienten.

Obwohl Adam Smith die Entwicklung indirekt vorausgesagt hatte, stellten die ehemaligen Sklavenbesitzer auf Jamaika Mitte des 18. Jahrhunderts zu ihrer hellen

Empörung fest, daß die befreiten Sklaven sich weigerten, mehr zu arbeiten, als sie für ihren unmittelbaren
Lebensunterhalt benötigten.

Noch heute werden nur wenige hundert Kilometer
von Jamaika entfernt Tausende Haitianer, darunter
viele Kinder, entführt oder mit falschen Versprechungen in die Dominikanische Republik gelockt. Dort werden sie auf Zuckerrohrplantagen zur Sklavenarbeit
gezwungen. Da freie Einwohner der Dominikanischen
Republik zu solchen Arbeiten nicht bereit sind, suchen
die Anwerber Arbeitskräfte in den ärmsten Landstri-
chen des bettelarmen Haiti. Und sind die Opfer erst
einmal auf einer Plantage gelandet, hindern Aufseher
sie an der Flucht.

Arbeitsleistungen aus freien Menschen herauszupressen, war eine der berüchtigtsten Meisterleistungen
des Frühkapitalismus. Sie wird noch heute in vielen
Teilen der Welt vollbracht.

Um den Faktor Arbeit verfügbar zu haben, mußte
nur die bestehende Sozialstruktur der Menschen zerstört werden: So brach die industrielle Revolution wie
eine Naturkatastrophe über die englische Landbevöl-
kerung herein und verwandelte eine Gesellschaft aus
selbständigen Bauern in knapp einem halben Jahrhundert in entwurzelte Massen, die betteln gehen oder
sich ausbeuten lassen mußten.

Gleichzeitig versklavten Europäer die Ureinwohner
in den kolonisierten Ländern oder vernichteten deren
Lebensgrundlagen, so daß sie zum Überleben ihre
Arbeitskraft verkaufen mußten. Tatsächlich war der
einzelne in einer Urgesellschaft gewöhnlich so lange
nicht vom Hunger bedroht, als die Gemeinschaft als

Ganzes ihr Auskommen hatte. Aber die kolonialen Eroberer fällten ihre Brotfruchtbäume und führten auf diese Weise künstlich einen Lebensmittelmangel herbei, oder sie besteuerten ihre Hütten, damit sie arbeiten mußten.[20]

Unter diesen neuen Voraussetzungen konnten die Sklavenhalter dann die Warenfiktion verwirklichen. Schließlich waren die Arbeit und die Menschen, die sie leisteten, zu einem Tauschobjekt wie jedes andere geworden.

Diese wohlbekannten Praktiken gehen auf eine Zeit vor mehreren hundert Jahren zurück, aber sie wurden in ähnlicher Weise noch im 20. Jahrhundert bis vor wenigen Jahrzehnten angewandt. So stießen die Portugiesen Ende der dreißiger Jahre bei ihrem Versuch, im Norden von Mosambik den Anbau von Baumwolle auszuweiten, auf den entschiedenen Widerstand der lokalen Bauern: Deren Erdnüsse waren nicht nur einträglicher als Baumwolle, sondern zudem auch eßbar. Sie dachten folglich gar nicht daran, diese Produktion aufzugeben.

Aber die Portugiesen zwangen sie dazu. Alle Männer unter 65 Jahren und alle Frauen, auch Hochschwangere, mußten mindestens einen Hektar Baumwolland pro Familie bewirtschaften und den Anbau von Erdnüssen einstellen. Die Arbeiter wurden in Gemeinschaftsunterkünften fernab ihrer Dörfer untergebracht, so daß die Agenten der Regierung sie besser überwachen konnten. Diese *Capataz* genannten Agenten erhielten Polizeigewalt und kontrollierten die gesamte Stammesgemeinschaft. Prügel, Vergewaltigungen und andere Übergriffe waren an der Tagesordnung und

sind im Norden Mosambiks noch heute in schreck-
licher Erinnerung.

Gegen die Degradierung von Mensch und Arbeit
zur Ware haben sich die betroffenen Völker von jeher
tapfer zur Wehr gesetzt. Einige von ihnen gingen lieber unter, als sich in eine willfährige Reserve für den
Arbeitsmarkt oder in Zwangsarbeiter für die Landwirtschaft oder die Industrie verwandeln zu lassen. Anthro-
pologisch interessierte Historiker haben so auch mehrfach darauf hingewiesen, daß fast sämtliche Versuche,
kriegerische und stolze Stämme von Hirten, nomadisie-
renden Bauern, Fischern und Jägern zu versklaven oder
zu »proletarisieren«, an deren unbeugsamem Widerstand gescheitert sind.

Das traurigste Kapitel solcher Versuche ist der Völ-
kermord an den amerikanischen Ureinwohnern durch
die europäischen Eroberer. Die Indianer nahmen lieber
die Ausrottung in Kauf, als sich zu Sklaven oder Lohn-
arbeitern machen zu lassen. Sie wurden in einer end-
losen Serie von ungleichen Kämpfen immer stärker
dezimiert. Manchmal wurde dieser Krieg auch indivi-
duell ausgetragen, wie im Fall des Indianerhäuptlings
Hatuey, der in der Dominikanischen Republik gefangengenommen und zum Tod verurteilt wurde: Er hatte
den Widerstand gegen die spanischen Konquistadoren
organisiert, die ohne großen Erfolg versuchten, Indianer zu versklaven. Hatuey lehnte eine Bekehrung, mit
der er seinen Kopf hätte retten können, kategorisch
ab, weil er erfahren hatte, daß auch die Konquistadoren in den Himmel kommen wollten.[21]

Wenn die amerikanischen Indianer gefangengenommen und zu Arbeiten in der Landwirtschaft herange-

zogen wurden, gingen sie meist an Entbehrungen, Krankheiten und an ihrer Entwürdigung zugrunde.

»Die Indianer«, schrieb Eric Williams, »erlagen rasch der auferlegten exzessiven Mühsal, der ungenügenden Ernährung, den Krankheiten des weißen Mannes und der eigenen Unfähigkeit, sich an die neue Lebensweise anzupassen. An ein Leben in Freiheit gewöhnt, eigneten sich ihre Verfassung und ihr Temperament schlecht für die Härten der Sklaverei auf den Plantagen.« Und Ferdinando Ortiz fügt hinzu: »Indianer zur monotonen, harten und ungesunden Arbeit in den Minen zu zwingen, außerhalb ihrer Stammesgemeinschaft und ohne religiöse Rituale [...], bedeutete soviel, wie ihnen den Sinn des Lebens zu rauben.«[22]

In einigen Regionen Südamerikas begannen die Indios, die zur Arbeit auf den spanischen Plantagen gezwungen wurden, täglich Kokablätter zu kauen, was zuvor nur bei Riten und Festen üblich gewesen war. Die bewußtseinsverändernde Droge machte die schwere Arbeit, den Hunger und die Niedergeschlagenheit zunächst ein wenig erträglicher. Auf lange Sicht führt ihr Konsum allerdings zu einer vollständigen Erschöpfung und zum körperlichen und geistigen Verfall.

Das Schicksal der Indianer Amerikas ähnelte dem anderer außereuropäischer Völker, die das Unglück hatten, dem weißen Mann zu begegnen. Dabei gingen sie letztlich nicht an der materiellen Ausbeutung zugrunde, die auf der Warenfiktion beruhte – gleichgültig, ob Sklaverei oder angeblich freiwillige Arbeit, denn im finsteren Frühkapitalismus waren die Unterschiede kaum spürbar –, sondern vielmehr an der Auflösung ihrer kulturellen und sozialen Bezugspunkte. Der Profit war zwar die Triebfeder und das Vehikel für die Katastrophe, doch erfolgte der Todesstoß nicht durch die wirtschaftliche Ausbeutung, sondern vielmehr durch den Verlust des Wertsystems und der Selbstachtung. Für die Indianer hatte das Leben mit dem Verlust ihrer Kultur den Sinn verloren. Sie erlitten das gleiche Schicksal wie die südafrikanischen Kaffer. Diese von Sarah Gertrude Millin 1926 beschriebenen stolzen »edlen Wilden« waren zu halbdomestizierten Tieren gemacht worden, bekleidet mit »nicht zusammenpassenden, schmutzigen und unansehnlichen Fetzen, die nicht einmal der verkommenste Weiße tragen würde«.[23]

Nach Beschreibungen von Missionaren gingen die Eingeborenen Melanesiens, die ihre kulturelle Identität verloren hatten, buchstäblich an Langeweile zugrunde. Andere Autoren betonen den Einfluß psychischer Faktoren auf die Sterblichkeitsrate unter diesen Völkern. So wurden die Melanesier, die zuvor eine »kraftvolle, aufgeweckte und aufregende Existenz« geführt hatten, durch die Apathie aufgrund ihrer kulturellen Entwurzelung besonders anfällig für Krankheiten. Beobachter erlebten bestürzt mit, wie die Ureinwohner wegstarben wie die Fliegen. »Die Beschneidung der früheren Interessen und Aktivitäten wirkt sich auf den Charakter [des Ureinwohners] offenbar verheerend aus. Im Ergebnis leidet seine Widerstandsfähigkeit, weshalb er von jeder Art Krankheit befallen wird.«[24]

Der soziale Tod des Sklaven

Indianer erwiesen sich für Sklaverei und Lohnarbeit als vollkommen ungeeignet. Sie gingen daran zugrunde und hinterließen kaum Spuren in der Geschichte. Dagegen überlebte der Großteil der schwarzen Sklaven, die an ihre Stelle traten, weil sie robuster und eher an Entbehrungen gewöhnt waren. Zudem entstammten sie Kulturen, in denen Landwirtschaft getrieben und Sklaverei praktiziert wurde.

Die Einfuhr von Sklaven aus Afrika in den 250 Jahren zwischen 1600 und der Mitte des 19. Jahrhunderts war eine Folge des fehlgeschlagenen Experimentes der Weißen, die Indianer in der Neuen Welt zu versklaven. Die Indianer gingen unter, während die Schwarzen überlebten. Aber wie sah dieses »Überleben« aus?

Nach der hervorragenden Analyse Orlando Pattersons, der die verbreiteten griechisch-römischen Vorstellungen aufgreift,[25] besteht das eigentliche Wesen der Sklaverei darin, daß sie den sozialen Tod des Opfers bedeutet. Ein Sklave ist ein lebendiger Toter: Seine Versklavung ist ein Ersatz für seinen Tod – auf geschichtlicher und symbolischer Ebene für seine physische Vernichtung im Krieg, durch Hunger, Kälte oder Hinrichtung. Der typische Sklave ist ein Kriegsgefangener oder ein zum Tod Verurteilter. Im Ägypten der Pharaonen hieß der Sklave »der lebende Tote«. Das lateinische *Servus* für den römischen »Sklaven« leitet sich aus dem Verb *servato,* »verschonen« oder »erretten«, her. Und als Preis dafür, daß sein Leben verschont wurde, trat der Kriegsgefangene die gesamte Verfügungsgewalt über sein Leben an den Sieger ab.[26]

Der Zustand der absoluten Ohnmacht des Sklaven ist die Folge dessen, daß er der Todesstrafe entgangen ist. Über ihm schwebt dauerhaft das Damoklesschwert der Hinrichtung, und sein Status als Sklave hebt diese tödliche Bedrohung nicht auf. Die Sklaverei ist keine Gnade. Sie ist nur die Aussetzung der Vollstreckung, die solange aufrechterhalten bleibt, als er sich gegen die Ohnmacht nicht auflehnt.

Der Gedanke des sozialen Todes ist kodifiziert im römischen Recht, wo »der Sklave *pro nullo* und die Sklaverei ein todesähnlicher Zustand ist«.[27] Er kommt auf symbolische Weise in zahlreichen archaischen Gesellschaften zum Ausdruck. Eines der drastischsten Beispiele wird ebenfalls von Patterson erwähnt. Bei einem präkolumbianischen Volk auf den Antillen mußten Sklaven einen Haarschnitt tragen, der für das Totenritual vorgesehen war – Symbol für das Betrauern des eigenen Todes.[28]

Die Sklaverei bedeutet den vollständigen und endgültigen Verlust von Selbstbestimmung und Identität. Sie beginnt mit dem Herausreißen des Opfers aus seiner natürlichen Umgebung und mit seinem Eintritt in die Welt des Sklavenhalters, wo er einen paradoxen Status als Nichtwesen, als Unperson, erhält. Der Sklave, so ein französischer Anthropologe, sei stigmatisiert mit einem ursprünglichen und unauslöschlichen Makel, der sein Schicksal dauerhaft bestimmt. Er lebe, ohne richtig zu leben, und habe keine Hoffnung, in eine echte Existenz zurückzukehren. Er bleibe auf immer eine ungeborene Kreatur.[29]

Der Zustand des Versklavtseins beschränkt sich folglich nicht nur auf die physische Unterwerfung. Sie ist zugleich ein tiefer sozialer Absturz, sogar eine Schuld, die auch auf symbolischer und religiöser Ebene geahndet wird.

Im mittelalterlichen Christentum galten Heiden und Ungläubige, die eine Bekehrung ablehnten, als Feinde und Kriegsgefangene, die in die Sklaverei verkauft werden konnten.[30] Ihr sozialer Tod wurde gerechtfertigt durch ihren selbstgewählten Ausschluß aus dem Kreis der angehenden Heilsempfänger. Sie waren »verlorene Seelen«, eine rein animalische Körperlichkeit ohne Bedeutung.

Der Islam stand dem Christentum hier in nichts nach. Vielmehr erlangt die Vorstellung von der Sklaverei als dem sozialen Tod im islamischen Denken seinen klarsten Ausdruck. Der Fremde ist der Feind, und der Ungläubige wird – im Gegensatz zum Glaubensbruder – gerne zum Sklaven gemacht. In der historischen und religiösen Tradition der Muslime ist die Versklavung ein Ergebnis des Heiligen Kriegs gegen die Ungläubigen.[31]

Der Besitzer hat über den Sklaven die uneingeschränkte Verfügungsgewalt, denn er hat nicht nur den Körper oder die Arbeitskraft, sondern sein Leben erworben. Dabei spielt es keine Rolle, daß diese Herrschaft über Leben und Tod in der Sklavenhaltergesellschaft teilweise gesetzlich eingeschränkt ist. Die Gesetzbücher der amerikanischen Südstaaten sahen vor dem Bürgerkrieg in einigen Fällen Strafen vor, wenn ein Besitzer seinen Sklaven getötet hatte. Und die Gerichte des 19. Jahrhunderts billigten Sklaven in

extremen Situationen sogar ein Selbstverteidigungs-
recht zu.[32]

Dennoch waren sich alle Sklaven im klaren darüber,
daß sie in der Praxis willkürlichen Folterungen, Vergewaltigungen und anderen Übergriffen ausgeliefert
waren. Selbst wenn Gesetze existierten, waren sie nicht
anwendbar, denn der Sklave konnte einen Verstoß fast
unmöglich beweisen.

Sobald das Leben des Sklaven in den Besitz seines
neuen Herrn übergegangen ist, führt er keine unabhängige Existenz mehr. Obwohl sein leibliches Leben
verschont bleibt, erlischt sein gesellschaftliches Sein.
Der Sklave wird zu einem Wesen ohne Zugehörigkeit
und Identität. Er ist ein soziales Atom ohne jede konkrete territoriale, sprachliche oder kulturelle Herkunft,
ein Wesen außerhalb der Pflichten und Rechte jeder
menschlichen Gemeinschaft, ohne räumliches und zeit-
liches Sein. In den Komödien des Plautus und des
Terenz ist der Sklave ein Mensch, der weder Vater
noch Vaterland kennt.

Bei einigen Naturvölkern haben Sklaven in der
menschlichen Symbolwelt im eigentlichen Sinn keinen
Platz. So tauchen in den überlieferten Mythen der indo-
nesischen Nias keine Sklaven auf, und Sklaven stehen
auch nicht in Beziehung zum Baum der Welt. Da sie
keiner Religion angehören, haben sie keinen Platz im
Kosmos. »Sie haben von dem Augenblick an, da sie
den Launen ihres Herrn auf Gedeih und Verderb ausgeliefert sind, weder Vergangenheit noch Zukunft. Sie
vegetieren am Rande des Kosmos und sind gleichsam
Tiere.«[33]

Randexistenz und Ehrverlust

Wir haben den Weg nachgezeichnet, auf dem Kriegsgefangene als Ersatz für die physische Vernichtung in den sozialen Tod geraten. Der Sklave ist ein Feind und Fremder, welcher besiegt und niedergeworfen wurde und der nur in seiner körperlichen Existenz verschont geblieben ist. Obwohl dies der gewöhnliche Weg in die Sklaverei in der antiken und mittelalterlichen Welt war – und obwohl im christlichen Abendland und in der islamischen Welt die Versklavung von Mitgliedern der eigenen Glaubensgemeinschaft verboten war –, ist an dieser Stelle noch an eine andere Art der Versklavung zu erinnern.

Es geht um die Versklavung innerhalb der eigenen Gemeinschaft. Sklave konnte man nicht nur als ein gefürchteter und in Gefangenschaft geratener Feind werden. Aus bestimmten Gründen konnten auch Mitglieder innerhalb einer Gemeinschaft aller Rechte verlustig gehen. Dieses Schicksal drohte einzelnen wie ganzen Gruppen, wenn sie ihr Recht auf Zugehörigkeit zur Gemeinschaft verwirkt hatten, etwa durch eine – absichtliche oder versehentliche – Verletzung eines Vertrages, eines Verhaltenskodex' oder eines Gesetzes – oder einfach, weil man Schulden nicht bezahlen konnte.

In der Forschung fanden solche Schicksale bislang kaum Beachtung. Das mag damit zusammenhängen, daß sie in einer Sichtweise, die dem Krieg und seinen Wirren in der Geschichte besondere Bedeutung beimißt, eher unspektakulär erscheinen.

Dennoch konnte der gesellschaftliche Absturz in die Sklavenexistenz für den Betroffenen noch unmenschlicher sein als für einen Kriegsgefangenen. Zwar war auch dessen Schicksal in der Regel hart und tragisch, doch mußte jeder Soldat in der Antike seine Versklavung wie den Tod auf dem Schlachtfeld bewußt in Kauf nehmen.

Dem sozialen Tod und dem Ehrverlust, die mit der »inneren« Versklavung verbunden waren, hafteten deshalb besondere Schrecken an. In den Epen Homers und in griechischen Tragödien wird dieses Schicksal nicht einer naturgegebenen Minderwertigkeit, sondern dem Unglück oder widrigen Umständen zugeschrieben, die jeden treffen können. Trotzdem taucht auch hier die Vorstellung von einer Strafe für persönliches Versagen auf: »Nimmt ja doch der waltende Zeus einem Manne die Hälfte seiner *Areté*«, klagt der treue Schweinehirt und Sklave Eumaios im XVII. Gesang der *Odyssee*, »sobald nur einer zum Knecht wird.« Die *Areté* ist die Tugend, die Vortrefflichkeit des Menschen. Ihre Beschneidung durch göttliche Hand bedeutet den Entzug der himmlischen Gunst, der mit Erniedrigung und Untergang verbunden ist.

Viele Figuren der antiken Literatur äußern panische Angst davor, in die Sklaverei verkauft zu werden. Ihre Furcht speist sich nicht nur aus dem Verlust materieller Annehmlichkeiten, sondern vor allem aus der gesellschaftlichen Ächtung und Erniedrigung, die sich aus der Versklavung in der eigenen Gemeinschaft ergibt. Als Fixpunkt stellen die Figuren in den Tragödien des Euripides so immer wieder fest, daß der Tod der Versklavung vorzuziehen sei.

Im Ägypten der Pharaonen, im kaiserlichen China und in Rußland zwischen der Mitte des 16. und dem Ende des 18. Jahrhunderts gerieten Menschen hauptsächlich innerhalb ihres eigenen Landes in die Sklaverei: wegen nicht bezahlter Schulden, eines Verstoßes gegen die Gesetze oder der Verletzung gesellschaftlicher Normen. Zwischen dem Sklaven und dem zur Zwangsarbeit verurteilten Verbrecher gab es fast keinen Unterschied. In China und im Rußland Peters des Großen standen Schwerkriminelle ideologisch und rechtlich mit versklavten Kriegsgefangenen auf einer Stufe.

In diesen Ländern war die Versklavung ein fester Bestandteil der Strafrechts, und Sklaven wurden wie zum Tod verurteilte Verbrecher behandelt. Zwar ereilte dieses Schicksal nicht jeden, der Grenzen gesellschaftlicher und rechtlicher Regeln übertreten hatte, aber wer zu Zwangsarbeit verurteilt oder in die Strafkolonie geschickt wurde, der wurde in jeder Hinsicht versklavt. Er verlor alle bürgerlichen Rechte und war aus juristischer Sicht eine Unperson. Seine Habe wurde unter den Erben aufgeteilt, der Ehegatte konnte erneut heiraten und seine Familie hörte mit dem Urteil auf zu existieren.[34]

In Frankreich, Spanien, Holland und England gab es ab Mitte des 15. Jahrhunderts die Bestrebung, die verschwundene »innere« Sklaverei wieder einzuführen. Bei dieser Strafe, die von Europäern über Europäer verhängt wurde, wurde der Delinquent auf eine Kriegsgaleere verfrachtet oder in den Kolonien auf den Feldern oder in Zuchthäusern zur Arbeit gezwungen. Daß diese Sklavenarbeiten immer mehr zum Tod Verurteilte verrichteten, hängt mit dem wachsenden Bedarf an Arbeitskräften eines entstehenden industriellen Marktes zusammen.[35] Auch hier diente die Versklavung praktisch als ein Ersatz für die Todesstrafe.

Fassen wir zusammen: In vielen Gesellschaften wurden Verstöße gegen Normen durch den Ausschluß aus der Gemeinschaft geahndet: Die Täter wurden zu Fremden, die mit Kriegssklaven oder Verschleppten auf einer Stufe standen. Der Sklave war eine Unperson, ein lebender Toter, der aber mit den Lebenden zusammenwirken und deshalb doch irgendwie integriert werden mußte. Wie konnte das Problem gelöst werden?

Als häufigste Lösung wurden Sklaven oder Verbrecher in einen Randbereich der Gesellschaft und ihrer Symbolwelt verbannt. Das Wesen der Sklaverei, so Patterson in seiner Analyse, besteht gerade darin, daß der Betroffene in einem Limbus, einem Grenzbereich zwischen zwei getrennten Sphären lebt. Als sozial Toter existiert der Sklave in einer Grauzone zwischen Gemeinschaft und Chaos, zwischen Leben und Tod, zwischen Sakralem und Profanem.

Der Sklave ist weder Mensch noch Tier, weder Fremder noch Einheimischer, weder Lebender noch Toter. Gerade deshalb kann er für den Besitzer und die Gesellschaft wichtige Aufgaben erfüllen. Gleichwohl ist es der Herr, der ihn kraft seiner Autorität mit der Welt der Lebenden in Verbindung bringt und ihm erst so die Existenz ermöglicht. Der Sklave braucht seinen Herrn, ohne ihn – so glauben noch heute manche sklavenhaltenden Stammesgemeinschaften – könne er nicht existieren. Ihren weitestgehenden Ausdruck findet die Sklaverei dann, wenn auch der Sklave dieser Vorstellung anhängt.

An der Sklaverei wird eines häufig mißverstanden. Obwohl der Sklave Unperson ist und eine Randexistenz als sozialer Toter führt, ist er kein Paria, kein Unreiner oder Unberührbarer. Es wäre ein Irrtum, ihn als Ausgeschlossenen, als *Outcast* zu betrachten. In Indien und anderswo sind Kasten gegeneinander abgeschottete und voneinander unabhängige gesellschaftliche Gruppen. Die Mitglieder der Kasten dürfen zu denen anderer keine persönlichen Beziehungen unterhalten. Ihre Lebensbereiche und Beschäftigungen sind von denen der anderen getrennt. Und die Ideologie der Kastengesellschaft gründet sich auf die Vermeidung ritueller Verunreinigung, wobei bestimmte Grenzen nicht überschritten werden dürfen.

Sklaven sind dagegen »übergreifende« und grenzüberschreitende Wesen par excellence. Sie können mit allen Mitgliedern der Gesellschaft (sexuelle, eheliche und kulturelle) Beziehungen unterhalten. Dagegen leben Parias in Korea und anderswo räumlich isoliert und haben bei manchen Tätigkeiten ein Monopol. Sklaven haben von jeher jede mögliche Arbeit ausgeführt und waren zumindest räumlich in die übrige Gesellschaft integriert.

Und darin besteht der wichtigste Unterschied zu den Unberührbaren: Sklaven werden verachtet und ausgebeutet, sie sind ehrlos, werden aber weder gemieden noch als unrein betrachtet. Das Dasein als Sklave gründet sich fast immer auf eine persönliche Herrschaftsbeziehung. Aus ihr erwächst eine perverse Intimität, die eine vollständige, auch körperliche und sexuelle Verfügbarkeit beinhaltet. Diese Intimität gipfelte in der sexuellen Ausbeutung von Sklavinnen als Konkubinen

oder in ihrer Arbeit als Ammen für die Kinder der Herrschaft.

Die wirtschaftliche Ausbeutung von Sklaven ist
übrigens auch deshalb so gut praktikabel, weil sie verschiedene Aufgaben erfüllen und beliebig eingesetzt
werden können. Dies alles wäre nicht möglich, dürften
Sklaven mit ihren Haltern nicht in Kontakt kommen
oder aus religiösen und rituellen Gründen nicht berührt
werden.

Die zwiespältige Lösung der Übergangszeit

Sklaverei und Fortschritt

Die Versklavung von Millionen Menschen in aller Welt ist heute mehr als früher durch wirtschaftliche Profite motiviert. Entgegen den Vorhersagen der Abolitionisten, die Sklaverei und modernen Kapitalismus für unvereinbar hielten, sind niemals mehr Menschen zur Herstellung von Waren und als Dienstleister versklavt worden als gegen Ende des 20. Jahrhunderts.

Auch wenn die Sklaverei in allen Ländern der Erde einem Verbot unterliegt, ist Sklavenarbeit heute überall verbreitet: in der Stadt wie auf dem Land, in Minen wie in Fabriken, auf Plantagen wie in Privathäusern, in den Industrie- und in den Entwicklungsländern. Erfüllten Sklaven, wie erwähnt, früher ein ganzes Spektrum an Aufgaben, so avancierte der finanzielle Profit ab Anfang des 18. Jahrhunderts, als sie auf amerikanischen Baumwollplantagen eingesetzt wurden, zum ausschließlichen Ziel ihrer Ausbeutung.

Das Verbot der Sklaverei bildet zwar eines der bedeutendsten historischen Verdienste der europäischen Kultur, das vor allem politischen Bewegungen in England zu verdanken ist. Dennoch hat diese Ächtung keineswegs zur Beseitigung der Sklaverei geführt. Als eine der ältesten Formen der Entwürdigung des Men-

schen blieb sie vielmehr auch nach dem Verbot bestehen.

Noch Jahrzehnte danach beschäftigten die Betriebe
der europäischen Kolonialherren Zwangsarbeiter, die
mit Gewalt oder durch Betrug angeworben wurden.
Obwohl immer schärfere Gesetze die Rechte von Arbeitern schützen, ist die Zwangsrekrutierung bis heute
eine übliche Praxis. In Afrika und Asien wich die historische Sklaverei oft nur einer rein profitorientierten
Ausbeutung, die jetzt – da von kulturellen oder religiösen Zwängen befreit – um so intensiver betrieben wird.

Wie kam es zu diesen Entwicklungen? Wieso erwiesen sich die Prognosen der Vertreter der Anti-Sklave-
reibewegung als falsch? Und wie sahen ihre Vorhersagen aus?

Die Abolitionisten des 18. und 19. Jahrhunderts teilten zwei feste Grundüberzeugungen: zum einen, daß
freie Arbeit deutlich produktiver sei als die von Sklaven, und zum anderen, daß die Sklaverei im Zuge
des allgemeinen Fortschritts zwangsläufig untergehen
werde.

Mit dem Verbot der Sklaverei und dem Aufkommen
der industriellen Revolution schienen sich beide Überzeugungen zunächst zu bestätigen. Während Ende des
18. Jahrhunderts nur ein paar schottische Quäker und
Philosophen – für Konservative gefährliche Extremi-
sten – sich für die Abschaffung der Sklaverei einsetzten,
gelang schon ein Jahrhundert später der Durchbruch.
»Ein wunderbarer Gesinnungswandel« hatte stattge-
funden, »ein eindrucksvoller und vermutlich noch nie
dagewesener Wandel in der allgemeinen Einstellung
gegenüber einer festen Institution.«[1]

Noch zu Beginn der Französischen Revolution wurde die Sklaverei in den meisten Regionen Europas und der Neuen Welt als eine Notwendigkeit geduldet und akzeptiert. Der transatlantische Sklavenhandel war mit international gültigem Recht vereinbar und wurde von den höchsten Vertretern von Kirche und Staat gerechtfertigt.

Während der Papst erst 1839[2] die Sklaverei vorbehaltlos verurteilte, unterstützten die britischen Eliten schon in den ersten drei Jahrzehnten nach 1789 auf breiter Basis den Abolitionismus – für sie eine Gelegenheit, die moralische Überlegenheit Englands über die Revolution und die Napoleonische Herrschaft zu demonstrieren. Die Bewegung legitimierte so die Werte des aufstrebenden Kapitalismus und der freien Lohnarbeit.[3]

Im Jahr 1807 verbot Großbritannien den transatlantischen Sklavenhandel und befreite 26 Jahre später alle Sklaven in der Neuen Welt. Betroffen waren ungefähr 780 000 Menschen. Die ehemaligen Besitzer erhielten über 80 Millionen Pfund Sterling Entschädigungen. Die Sklavenbefreiung, die als moralisches Gegenstück zum Sieg von Waterloo präsentiert wurde, erfolgte allerdings paradoxerweise gerade in der Phase der industriellen Revolution, in der die Lebensbedingungen der britischen Arbeiter immer mehr denen der Sklaven in den Kolonien ähnelten.[4]

In der ersten Hälfte des 19. Jahrhunderts erlebte die abolitionistische Bewegung einen raschen Aufschwung: Schon um 1830 galt in Europa und in weiten Teilen der Vereinigten Staaten von Amerika die Sklaverei als wirtschaftlicher Anachronismus, der den Fortschritt behindere und gegen die Menschenrechte und christliche Moral verstoße. 1827 verbot der Staat New York endgültig die Sklaverei. Dreißig Jahre später zwang die Union der Nordstaaten die konföderierten Südstaaten zur Freilassung aller Sklaven. Und 1888, ein Jahrhundert nach Gründung der London Society for Effecting the Abolition of the Slave Trade, der ersten großen Vereinigung zur Sklavenbefreiung, erhielten in Brasilien die letzten schwarzen Sklaven Amerikas die Freiheit.

Die Überlegenheit der Lohnarbeit gegenüber der Sklavenarbeit erhielt im übrigen ab Anfang des 19. Jahrhunderts eine Bestätigung durch die unangefochtene weltweite Vormachtstellung Großbritanniens, dem Vorreiterland im Kampf gegen Sklaverei und für Menschenrechte – und ebenso durch die Umwälzungen der industriellen Revolution dort und in anderen europäischen Ländern.

Weit verbreitet war in diesen Jahren eine These, wonach die Sklaverei endgültig überwunden und durch effizientere und moralisch weniger verwerfliche Arbeitsverhältnisse ersetzt würde. Nach David Brion Davis, dem Autor scharfsinniger Anlaysen zur Sklaverei in der Moderne, verbindet eine gemeinsame Tradition die Schriften Benjamin Franklins, David Humes, Adam Smith' und John Millars mit denen späterer Denker wie Auguste Comte, Karl Marx und Friedrich Engels. Trotz großer Unterschiede teilten alle die Überzeugung, daß die Arbeit von Sklaven weniger produktiv als die freier Individuen sei. In der Entwicklung der Gesellschaften stelle die Sklaverei ein primitives, aber notwendiges Stadium dar, das durch ein ehernes Gesetz des historischen Fortschritts überwunden werde.[5]

Diese Sichtweise kanonisierte im Anschluß Max Weber in seinem Hauptwerk *Wirtschaft und Gesellschaft,* in dem er die vier wichtigen irrationalen Elemente der Sklaverei hervorhob.[6] Erstens lasse sich das Potential an Arbeitssklaven nicht ohne weiteres den Schwankungen der wirtschaftlichen Konjunktur anpassen. Zweitens binde der Ankauf von Sklaven sehr viel mehr Risikokapital als die Beschäftigung freier Arbeiter, was in der Sklavenhalterwirtschaft zu einer »Überkapitalisierung der Arbeit« führe. Drittens könnten die Plantagenbesitzer mit ihrem allzu großen politischen Einfluß den Markt regulieren und so dessen Effizienz unterminieren. Und viertens schließlich sei der Nachschub an Sklaven rasch erschöpft, was deren Preise in die Höhe treibe.

Die weiteren Ereignisse wie die historische Forschung widerlegten freilich diese Analysen. Wie sich herausstellte, war die Sklaverei im Verlauf ihrer langen Geschichte sehr eng mit einem gesellschaftlichen und wirtschaftlichen Fortschritt verknüpft: Sklavenhaltergesellschaften gehörten zu den blühendsten und am weitesten entwickelten ihrer Epoche. So war die Sklavenhaltung beispielsweise ein integraler Bestandteil der griechisch-römischen Kultur. Nach Moshe Finley bildeten Sklaven die Grundlagen der Produktivität im antiken Griechenland und in Rom. Und die Annahme, wonach die Sklaverei den technischen Fortschritt im Bergbau oder in der Landwirtschaft des Römischen Reichs behindert oder zu deren Niedergang beigetragen habe, ist durch nichts bewiesen.[7]

Sklaven trugen außerdem zum Aufstieg der Araber im 7., 8. und 9. Jahrhundert bei, ohne daß dies die Blüte ihrer Kunst, ihrer Wissenschaften oder ihres Städtebaus behindert hätte. Was viele nicht wissen: im 14. und 15. Jahrhundert florierte auch am Mittelmeer ein Sklavenhandel – getragen von genuesischen und venezianischen Kaufleuten. Sie erwarben bei den Tatarenstämmen an den Schwarzmeerhäfen Menschen, die sie mit hohen Gewinnen in den wichtigsten europäischen Städten weiterverkauften.[8]

»Der Glanz Venedigs und der Toskana war wie der Roms und Athens in der Antike eng mit der Sklaverei verbunden.« So wurden nach Iris Origo zwischen 1414 und 1423 allein in Venedig nicht weniger als 10000 Sklaven verkauft. Sie stellten im 14. und 15. Jahrhundert einen bedeutenden Teil der toskanischen Bevölkerung. Dort besaßen selbst Händler, Priester und Nonnen Sklaven – bis dieser Handel durch die osmanische Eroberung Konstantinopels ein jähes Ende fand und die Preise in schwindelerregende Höhen kletterten.[9]

Das gleiche gilt für die europäischen Kolonien in der Neuen Welt. Bis zur amerikanischen Revolution setzten die wohlhabendsten Regionen im englischen – und französischen, portugiesischen, holländischen, dänischen und wahrscheinlich auch im spanischen – Amerika in der Landwirtschaft auf die Arbeitskraft von Sklaven. Wie kürzlich nachgewiesen, lag das durchschnittliche Einkommen in den Südstaaten vor der Revolution deutlich über dem in Neuengland und den Kolonien in Mittelamerika – ob man den Reichtum in absoluten Zahlen nimmt oder ihn »durch die

Anzahl der freien Personen [dividiert] oder ihn – was fragwürdig ist – *pro Kopf* nimmt«, die Sklaven also mitgerechnet.[10]

Zudem trugen die Südstaaten – obwohl die Wirren der amerikanischen Revolution vorübergehend für einen Niedergang sorgten – bedeutend zum Wirtschaftswachstum der Union bei. Um 1840 erzeugte der Süden über 60 Prozent der weltweit angebauten Baumwolle und deckte 70 Prozent des Bedarfs der englischen Textilindustrie. Diese Baumwolle, die mehr als die Hälfte der Gesamtausfuhren der Vereinigten Staaten ausmachte, sorgte für einen Zustrom an Kapital, der für die Einfuhr von Eisen und wachstumswichtigen Industriegütern benötigt wurde.[11]

Wie statistische und mathematische Untersuchungen ganz allgemein belegten, spielte die angebliche Unproduktivität von Sklavenarbeit beim Niedergang der Sklaverei in den Vereinigten Staaten keine entscheidende Rolle. Das gleiche gilt offenbar auch für die Aufhebung der Leibeigenschaft in Osteuropa zur gleichen Zeit.[12] »Die Sklaverei in der Neuen Welt wurde zu einer Zeit abgeschafft, als sie sehr rentabel war, und dazu bedurfte es in Zeiten, in denen für Sklaven Höchstpreise erzielt wurden, eines gesetzlichen Eingriffs oder eines Krieges.«[13]

Studien aus neuerer Zeit haben ehemals feste Überzeugungen klar widerlegt. Wie sich herausstellte, kann die Arbeit von Sklaven sogar produktiver sein als Lohnarbeit. Zudem ist die auf Sklaverei aufbauende Wirtschaft flexibel und besonders anpassungsfähig an die wechselnden Bedingungen des Marktes und an technische Neuerungen. Nach den Verfassern eines

Buchs, das das Urteil über die Produktivität der Plantagen in den amerikanischen Südstaaten revolutioniert
hat, war die Landwirtschaft dort um 1860 insgesamt
über 35 Prozent ertragreicher als die im Norden.[14]

Das lästige Erbe

Die Abschaffung der Sklaverei vollzog sich sehr viel
langsamer und widersprüchlicher, als die Prohibitioni-
sten vorhergesagt und die meisten Forscher des 18. und
19. Jahrhunderts erwartet hatten. Selbst Großbritannien, eine der Hochburgen der Anti-Sklavereibewe-
gung, nahm auf Druck der East India Company Indien
und Ceylon aus dem Abolition Act von 1833 ausdrücklich aus. Das Verbot der Sklaverei wurde erst 1843, als
die britische Regierung die Anklagen von Menschenrechtsorganisationen nicht mehr ignorieren konnte,
auf den gesamten indischen Subkontinent ausgedehnt.
Von da an war die Sklaverei zwar auf allen von ihr
direkt kontrollierten Gebieten verboten. Aber in den
Protektoraten, die nicht den Gesetzen des britischen
Parlamentes unterstanden, blieb sie lange Zeit eine
weitverbreitete und geduldete Praxis.[15]

In anderen Teilen der Welt wurde die Sklaverei trotz
ihres anrüchigen Charakters erst im 20. Jahrhundert
abgeschafft. So gab das Königreich Nepal erst 1924
internationalem Druck nach und befreite per Dekret
über 60000 Sklaven.[16] Manche Länder schafften die
Sklaverei erst nach dem Zweiten Weltkrieg ab: Saudi-
Arabien 1960 und die Sultanate Maskat und Oman
1970.

Die Aufhebung *de jure* fiel dabei mit der tatsächlichen Abschaffung selten zusammen. In China wurde die Sklaverei Anfang des 20. Jahrhunderts abgeschafft, aber wie viele andere Reformen der Zentralregierung wirkte sich das Verbot auf das Leben der Bauern kaum aus. Bis zur Gründung der Volksrepublik China 1949 unterhielt das Land einen der größten Sklavenmärkte der Welt. Nach Watson war in vielen Teilen Chinas, vor allem im Süden, fast jede Bauernfamilie direkt oder indirekt vom Verkauf von Menschen betroffen.[17]

Trotz der Appelle der Abolitionisten nahmen die Kolonialregierungen der Sklaverei gegenüber lange Zeit eine zwiespältige Haltung ein. Sie befürchteten gesellschaftliche Umbrüche, die ihre Interessen in Übersee bedrohen und die Verwaltung ihrer Territorien erschweren würden. »Keine Kolonialmacht betrieb die Abschaffung der Sklaverei auf konsequente Weise. Die Glaubwürdigkeit ihrer Ideologien wurde auf eine harte Probe gestellt. Obwohl alle die abolitionistische Ideologie unterschrieben, mußten sie in vielen Fällen feststellen, daß die Emanzipation der Sklaven ihren unmittelbaren Interessen zuwiderlief.«[18]

Die Politik der Sklavenbefreiung sollte die Regierungen vor noch größere Probleme stellen. Entgegen den Erwartungen der Abolitionisten, die an die Selbstregulierungskräfte des Arbeitsmarktes glaubten, dachten die freigelassenen Sklaven überhaupt nicht daran, sich als Lohnarbeiter zu verdingen.

Die Vorstellung, für ein erbärmliches Entgelt die eigene Haut zu Markte zu tragen, gefiel keinem der Freigelassenen. Folglich blieb auch ihre erwartete Verwandlung in gefügige Proletarier aus. Die Europäer reagierten darauf mit Einschränkungen ihrer Bewegungsfreiheit oder der Einführung neuer Formen von Zwangsarbeit.

So wurden im Großteil der karibischen Kolonien ehemaligen Sklaven lange Lehrzeiten ohne Lohn aufgezwungen. Gesetze gegen Landstreicherei nötigten sie, auf dem Land ihrer Ex-Besitzer zu bleiben. Ein reibungsloser Übergang wurde damit allerdings nur auf Inseln wie Antigua und Barbados erreicht. Wegen der dichten Besiedlung war der größte Teil des Bodens bereits landwirtschaftlich genutzt – weshalb für Subsistenzwirtschaft kein Land mehr zur Verfügung stand. Hier gelang es den einstigen Sklavenhaltern, ihre Arbeitskräfte wegen fehlender Alternativen auf den Plantagen zu halten, so daß die Erträge aus der Zuckerernte praktisch unverändert blieben.[19]

Wo Boden reichlich zur Verfügung stand und die Bevölkerungszahlen niedriger lagen, waren die einstigen Sklaven kaum zur Lohnarbeit zu zwingen. Wo immer möglich, versuchten sie ihr Glück als Selbständige: als Handwerker, Kleinbauern, Fischer oder Fuhrleute. Und Frauen und Kinder zogen sich aus dem Arbeitsleben ganz zurück.

Um einem drohenden Rückgang landwirtschaftlicher Erträge zu begegnen, ersannen die Grundbesitzer neue Formen der Zwangsarbeit. Vor allem in den britischen Kolonien der Karibik und im Indischen Ozean sorgten daraufhin mehrere Jahrzehnte lang sogenannte *Indentured Labourers,* Vertragsarbeiter, für die Aufrechterhaltung der Produktion. Zunächst wurden Afrikaner und später Inder und Chinesen ins Land geholt und zu jahrelanger harter Arbeit verpflichtet – gegen

Kost, Logis und zuweilen ein geringes Entgelt zur Erstattung der Reisekosten.

Die Opfer dieses Systems waren offiziell freie Menschen, die einen Arbeitsvertrag unterzeichnet hatten und nach dessen Ablauf – gewöhnlich nach fünf bis sechs Jahren – wieder über sich selbst verfügten. Die Großgrundbesitzer kamen dank dieses Systems an disziplinierte, erpreßbare und billige Arbeitskräfte, die vom Ideal freier Proletarier, das den Abolitionisten vorgeschwebt hatte, weit entfernt waren.[20]

Ein beträchtlicher Teil dieser Arbeiter wurde übrigens gegen ihren Willen rekrutiert und zur Unterzeichnung von Knebelverträgen gezwungen. Obwohl die Art der Arbeit, die Verpflegung und eine medizinische Versorgung gewöhnlich festgeschrieben waren, häuften sich Beschwerden über Plantagenbesitzer, die sich an die Bestimmungen nicht hielten. Nur selten gelang es diesen eingewanderten »Sklavenarbeitern«, die Hürden zu überwinden und ihre Rechte vor Gericht geltend zu machen.

Im übrigen konnten die Plantagenbesitzer diese Verträge weiterveräußern, während die Vertragsarbeiter tatsächlich weder ihren Einsatzort noch ihre Beschäftigung oder den Arbeitgeber wählen konnten. Zwar sorgten zahlreiche Anzeigen und Proteste für eine pünktlichere Erfüllung der Verträge, doch hörten die Beschwerden erst mit Abschaffung des gesamten Systems auf.

Diese Ausbeutung von Vertragsarbeitern war genaugenommen nicht ganz neu. Im Grunde bedeutete sie nur die Wiedereinführung einer Form der Arbeitsvermittlung, mit der man im 17. und 18. Jahrhundert die

europäische Einwanderung in die Neue Welt gefördert hatte. So war zwischen 1630 und 1780 etwa die
Hälfte der 750 000 Einwanderer von den Britischen
Inseln mit ähnlichen Arbeitsverträgen nach Amerika
gekommen.[21]

Solche Arbeiter, die aus England und später aus
Deutschland und Irland stammten, konnten sich jedoch wenigstens in die Gesellschaft ihres Einwande-
rungslandes integrieren. Ein ganz anderes Schicksal
erwartete dagegen die außereuropäischen Emigranten,
die nach dem Abolition Act 1833 im Bestimmungsland
ankamen. Sie traten die Nachfolge der Sklaven an, verrichteten die niedrigsten Arbeiten und stießen auf massive rassistische Vorurteile, die eine Integration verhin-
derten. Viele kehrten deshalb nach Ablauf ihres Vertrages in ihr Heimatland zurück.

Der Großteil stammte aus Indien. So wurden zwischen 1838 und 1918 240 000 Inder mit Zeitverträgen
ins britische Guinea verfrachtet, weitere 140 000 nach
Trinidad und 47 000 nach Amerika. Eine Blüte erlebte
die *Indentured Labour* vor allem in der britischen
Kolonie auf Mauritius. Anfang des 18. Jahrhunderts
hatten französische Kolonisatoren auf der Insel im
Indischen Ozean große Zuckerrohrplantagen angelegt.
Die Bevölkerung setzte sich zu 80 Prozent aus afrikanischen Sklaven zusammen.

Um die Folgen des Abolition Act von 1833 möglichst
gering zu halten, sorgte das System einer Zwangslehr-
zeit dafür, daß sich an der Lebenssituation der Sklaven
so gut wie nichts änderte. Als es 1839 nach öffentlichen
Protesten in England aufgehoben wurde, flohen die
Sklaven in Scharen von der Insel: Von 20 000 im Jahr

1840 verringerte sich ihre Anzahl in nur vier Jahren auf 3700. 1851 waren Schwarze auf Mauritius schließlich praktisch verschwunden. An ihre Stelle traten rasch auf die Insel geholte indische Tagelöhner, die dort als *Indentures Labourers* arbeiteten.

Zwischen 1835 und 1907 gelangten so 450000 Inder nach Mauritius, von denen nach Ablauf ihrer Verträge – ursprünglich für fünf Jahre – nur ein Drittel nach Indien zurückkehrte. 1861 stellten die Inder dort schließlich zwei Drittel der Bevölkerung, ein Anteil, der sich bis heute kaum verändert hat. Die Einrichtung der *Indentured Labour* wurde als neue Form der Sklaverei beschrieben, und in der Tat wurden die Inder auf Mauritius auch als Sklaven behandelt.

Durch ihre Zwangsarbeit verdreifachten sich auf der Insel zwischen 1834 und 1865 die Zuckererträge; es war der eindrucksvollste Zuwachs in allen britischen Kolonien.[22] Auch in allen anderen Kolonien, in denen hauptsächlich Zuckerrohr angebaut wurde, sicherte die Ausbeutung von »Vertragsarbeitern« nach der Sklavenbefreiung den Fortbestand der Zuckerindustrie.

In den französischen Kolonien in der Karibik und im Indischen Ozean wurden solche Sklaven ebenfalls auf Vertragsbasis ausgebeutet: So gelangten zwischen 1826 und 1882 87000 Inder auf die Insel Réunion. Der Nachschub an »Menschenmaterial« wurde allerdings jäh unterbrochen, weil Frankreich die von Indien verlangten Reglementierungen bei der Ausbeutung dieser Menschen nicht akzeptieren wollte. Eine beträchtliche Anzahl von Indern gelangte über dieses System auch in solche Kolonien – Peru, Südafrika, Hawaii, die Fidschi-

Inseln, Malaysia und Australien[23] –, in denen der Zuckerrohranbau erst nach Abschaffung der Sklaverei eingeführt worden war.

Große Ströme dieser vertraglich gebundenen Sklaven bewegten sich auch innerhalb von Asien, insbesondere nach Malaysia, Birma und Ceylon: Nach Malaysia wurden zwischen 1844 und 1910 250000 indische Arbeiter verfrachtet.

Nach Indien war das wichtigste Reservoir für *Indentures Labourers* China. Diese Art Zuwanderung von Chinesen währte allerdings nicht lange und wurde schon 1874 wieder verboten: Bis dahin waren seit Mitte des 19. Jahrhunderts 125000 chinesische Arbeiter nach Kuba und etwa 60000 nach Peru eingewandert. Geringer war der Zustrom an Chinesen nach Trinidad, Transvaal und Hawaii. Vertraglich verpflichtete chinesische Sklavenarbeiter spielten auch auf Java, in Japan und auf den Philippinen eine Rolle.[24]

Der Zustrom an solchen Arbeitskräften konnte in den britischen Kolonien, die vom Anbau von Zuckerrohr lebten, den plötzlichen Wegfall von Sklaven allerdings nur teilweise ausgleichen. Mauritius war hier eher eine Ausnahme. Von den erwähnten Fällen Antigua und Barbados abgesehen, benötigten fast alle karibischen Kolonien Jahrzehnte, um das Produktionsniveau aus der Zeit vor der Sklavenbefreiung wiederzuerlangen. Und in manchen Fällen – so auf Jamaika – gelang dies überhaupt nicht.[25]

Der plötzliche Schwund an verfügbarer Arbeitskraft und die deutlich rückläufige Produktion im Großteil der karibischen Kolonien widerlegten auf eklatante Weise die Vorhersagen der Abolitionisten, wonach die

Lohnarbeit sich unweigerlich ausweiten würde. Die Weigerung der ehemaligen Sklaven, sich in gefügige Proletarier zu verwandeln, schürte rassistische Vorurteile: In Europa setzten sich in der öffentlichen Meinung Klischees fest, wonach Afrikaner faul, unmündig und unfähig seien, ihre Chancen auf dem Arbeitsmarkt zu nutzen – weshalb den Europäern die Mission zukomme, sie aus ihrer Rückständigkeit zu befreien.[26]

Die Enttäuschung über das Verhalten der befreiten Sklaven, die Proteste der Landbesitzer und die Revolte der Buren in Südafrikas Kapkolonie dämpften so alle Euphorie in den zwei Jahrzehnten nach der offiziellen Abschaffung der Sklaverei im Jahre 1833. Die britischen Kolonialherren in Westafrika – die bis in die dreißiger Jahre des 20. Jahrhunderts in kleinen Niederlassungen im heutigen Ghana, Sierra Leone und Gambia das Sagen hatten – hatten deshalb leichtes Spiel, bei der Zentralregierung deren schrittweise Umsetzung durchzusetzen. Die sofortige Freilassung aller Sklaven, so ihre Argumentation, würde Revolten auslösen und die materielle wie administrative Grundlage der Kolonien beschädigen.[27]

Gelöst wurde das Problem durch ein geschicktes Manöver: Die eigentlichen Kolonien blieben in den kleinstmöglichen Dimensionen erhalten, während die umliegenden Regionen zu Protektoraten erklärt wurden. Wenn auch die grausamsten Praktiken nicht mehr angewandt wurden, so galten dort doch weiterhin die sogenannten »Eingeborenenbräuche«, wodurch die britische Gesetzgebung zumindest teilweise umgangen werden konnte.

Eine ähnliche Linie verfolgten auch Frankreich und

Portugal, die einzigen anderen Kolonialmächte auf dem afrikanischen Kontinent bis zu dessen Aufteilung gegen Ende des 19. Jahrhunderts. Frankreich hatte die Sklaverei 1794, also noch in den Jahren der Revolution, als erstes europäisches Land verboten, doch wurden sie und der Sklavenhandel acht Jahre später von Napoleon erneut legalisiert – um die Ordnung in allen Kolonien wiederherzustellen und das Kolonialreich wieder zu errichten.

Der Sklavenhandel wurde 1818 auf britischen Druck hin erneut untersagt. Da das Verbot aber als Versuch angesehen wurde, Frankreich in die militärische und wirtschaftliche Unterlegenheit zurückzudrängen, fand es wenig Beachtung. Erst 1848 – mit dem Machtantritt radikaler Kräfte – wurde die Sklaverei unter Strafe gestellt.

Wie die Engländer wandten die Franzosen das neue Gesetz nur inkonsequent an, wobei sie entflohene Sklaven gegnerischer Staaten freiließen und die von Verbündeten an die Besitzer überstellten. In den siebziger und achtziger Jahren des 19. Jahrhunderts verzichtete die französische Regierung auf die Annexion einiger Territorien und wandelte Kolonien in Protektorate um, um die dortigen Sklaven nicht freilassen zu müssen.[28] Französische Staatsbürger in den Protektoraten durften sogar Sklaven besitzen, und bis zum Ende des 19. Jahrhunderts wurden auf französischem Territorium gelegentlich sogar Kindersklaven eingeführt.

Noch inkonsequenter setzte Portugal die abolitionistische Politik um. Zwar untersagte 1836 ein Erlaß die Ausfuhr von Sklaven aus den portugiesischen Territorien, doch wurde das Verbot weitgehend ignoriert. Die ganzen vierziger Jahre hindurch florierte der Menschenhandel in aller Offenheit, und bis 1853 wurde Brasilien und bis in die sechziger Jahre Kuba heimlich weiterhin mit dem »schwarzen Gold« beliefert.

Nach dieser Zeit verfrachtete man weiterhin Sklaven unter dem offiziellen Etikett von Vertragsarbeitern auf die portugiesischen Inseln São Tomé und Príncipe im Golf von Guinea, wo mit britischem Kapital Kakao angebaut wurde, und auf die französischen Inseln im Indischen Ozean.[29]

Im Jahr 1854 beschloß eine Reformregierung schließlich die Zerschlagung der Sklaverei: Die Besitzer wurden entschädigungslos enteignet, die Sklaven aber zu »unbezahlten Lehrlingen« erklärt. Die vollständige Befreiung war für 1878 vorgesehen. Portugal sah sich allerdings außerstande, diesen Beschluß anderswo als in den Küstenstädten Angolas und in Mosambik umzusetzen: Und gerade dort wurden weiterhin Sklaven eingeführt, feilgeboten und gekauft – als sogenannte *Contractados*, Vertragsarbeiter, wobei auch an diesem Handel häufig die portugiesische Verwaltungsmacht beteiligt war. Und zudem wurden die ehemaligen Sklaven über strenge Gesetze gegen Landstreicherei gezwungen, ihre Arbeitsverträge immer wieder zu verlängern.[30]

Das Paradox

In Afrika führte die schrittweise Beseitigung der Sklaverei entgegen den Befürchtungen der Kolonialmächte in fast keiner Region zu einer katastrophalen Abwanderung. Gerade einmal 10 bis 25 Prozent der befreiten afrikanischen Sklaven verließen ihre einstigen Herren, um anderswo ein anderes Leben zu beginnen oder in ihre angestammte Region oder ihren Clan zurückzukehren. Der Großteil der Sklaven blieb nach der Befreiung im räumlichen und gesellschaftlichen Umfeld der ehemaligen Herren.[31]

Warum erwiesen sich die Erwartungen der Europäer als falsch?

Der Schwachpunkt lag in der ethnozentristischen Sichtweise der Sklaverei. Für Europäer bestand das kennzeichnende Merkmal der Sklaverei vor allem in der Käuflichkeit des Menschen. Deren logisches Gegenstück war folglich die Freiheit, ohne die das menschliche Glücksstreben nicht zu verwirklichen war. Der Ausgang aus der Sklaverei bedeutete also Freiheit, das heißt die vollständige Befreiung von gesellschaftlichen Fesseln – und keineswegs die Ersetzung des Besitzverhältnisses durch eine andere Form der sozialen Abhängigkeit.

Überdies sahen die Europäer die zentrale Rolle der Sklaverei in der Arbeit, deren Nutzung das Hauptmotiv für den Kauf von Sklaven gewesen war. Die Sklaverei war folglich eine grundlegend wirtschaftliche Einrichtung – und ebenso die Beziehung zwischen Sklave und Besitzer.

Aus all dem ergaben sich genaue Erwartungen, wie Sklaven sich nach ihrer Befreiung verhalten würden: Sobald sie die Möglichkeit bekämen, würden alle die Flucht ergreifen, nach Freiheit und Glück streben und sämtliche frühere Bande der Abhängigkeit kappen.

Diese Erwartungen erfüllten sich nur dort, wo Skla-

verei mit Erzeugung und der Arbeit auf Plantagen verbunden war: vor allem in weiten Teilen der Neuen
Welt, aber auch auf Plantagen der Araber und Europäer in Ostafrika und auf den Inseln des Indischen Oze-
ans. Wie erwähnt, verschwand in wenigen Jahren die
gesamte Bevölkerung ehemaliger Sklaven von Mauritius und ähnlichen Orten.

Für den Großteil Afrikas erwiesen sich die Erwartungen der Europäer dagegen als falsch. Denn schon
in vorkolonialer Zeit war die Sklaverei in weiten Teilen
des Kontinents ein fest verankertes Element der Gesellschaft gewesen. Gefangene oder gekaufte Menschen
unterstanden der absoluten Herrschaft ihrer Besitzer.
Ein so erworbenes Individuum war in der Gesellschaft,
in die es eingeführt wurde, zunächst eine rechtlose
Unperson ohne gesellschaftlichen Status.

Der Sklave war anfangs der Fremde par excellence,
der eine Existenz am äußersten Rand der Gesellschaft
führte. Doch konnte dies schrittweise abgebaut und
eine gewisse Integration in die neue Umgebung erreicht
werden. Die große Vielfalt an sklavenartigen und skla-
venähnlichen Abhängigkeitsbeziehungen, die in den
Stammesgemeinschaften verbreitet waren, dienten als
ein Mittel, den zunächst vollständig fremden Neuan-
kömmling auf irgendeine Weise einzubeziehen.

Wie einige Forscher zudem hervorheben, gibt es zwischen den beiden Extremen der Sklaverei und der Bluts-
verwandtschaft eine Verbindungslinie.[32] Demnach existierten einige Sklaven und deren Nachkommen zwar
über Generationen hinweg am äußersten Rand der
Gesellschaft und galten als bewegliche Habe. Aber vie-
lerorts im vorkolonialen Afrika wurden Sklaven auch

in die Gemeinschaft, die sie aufnahm, bis zu einem gewissen Grad integriert. In manchen Regionen konnten sie oder ihre Kinder und Enkel Mitglieder des Clans werden – wenn auch in einer untergeordneten Stellung. Dies war mit ein Grund dafür, daß Frauen und Kinder als Sklaven bevorzugt gehandelt wurden. Denn im Gegensatz zu erwachsenen Männern konnte schon die nächste Generation in die Gemeinschaft, in die sie eingekauft worden war, als untergeordnete Mitglieder in den Clan aufgenommen werden.

Dies bedeutet freilich keineswegs, daß die traditionelle Sklaverei innerhalb Afrikas positiv zu bewerten sei. Den Forschern zufolge schloß die neuerliche verwandtschaftliche Beziehung Härten oder Ausbeutung keineswegs aus. Ganz im Gegenteil waren verwandtschaftliche Beziehungen in Afrika traditionell das Vehikel für Herrschaftsverhältnisse und Zwänge. Die Clans, die Sklaven als Mitglieder aufnahmen, konnten die Frauen gegen ein Brautgeld verkaufen, Erwachsene und Kinder als Entschädigung für einen Totschlag oder zur Tilgung von Schulden einlösen und für das Gemeinwohl sogar deren Leben opfern.[33]

Zudem war die Sklaverei in Afrika wie fast überall nicht nur ein auf Arbeit beruhendes Herrschaftsverhältnis. Die Gründe, aus denen Sklaven ge- oder verkauft wurden, waren vielfältig, und meistens ging es dabei nicht um die Herstellung von Gütern für den Markt. Sklaven dienten auch der Neubesiedlung von Land: Gekaufte Ehefrauen und Konkubinen glichen einen Männerüberschuß aus, und im Falle von Kinderlosigkeit sicherten Zukäufe den Fortbestand der Clans. Sklaven dienten in den Häusern der Vornehmen als

Privatlehrer und treue Diener, sie waren an Fürsten-
höfen Ratgeber und Verwalter, und für die Heere stellten sie Militärbeamte und Soldaten. Sklaven wurden
als Menschenopfer Göttern dargebracht und als Beglei-
ter ihrer Herren ins Jenseits geschickt. Sie dienten als
Sicherheit für Anleihen, zum Freikauf von Strafen und
zur Entschädigung für Opfer von Verbrechen. Sie bildeten eine verkäufliche Rücklage für Notzeiten und
schließlich auch eine Währung für politische Trans-
aktionen: als Tribut an Häuptlinge, als Geschenke an
eine Regierung und als Belohnung für Untergebene.[34]

Mit dem Ausgang aus der Sklaverei erwarb der
Betreffende keineswegs die grenzenlose Freiheit nach
abendländischem Vorbild. Vielmehr wurde er auf einer
Ebene der Gleichheit in die Familie oder den Clan ein-
gegliedert. »Hier [in den afrikanischen Gesellschaf-
ten]«, schreiben Kopytoff und Miers, »ist das Gegenteil
von ›Sklaverei‹ nicht ›Freiheit‹ als Selbstbestimmung,
sondern eher die Zugehörigkeit zu einer Gruppe.«[35]

Um nicht in eine weitere gesellschaftliche Randexistenz zu geraten, blieb deshalb der Großteil der afrikanischen Sklaven – entgegen den abendländischen Prognosen – bei ihren ehemaligen Besitzern, obwohl sie
sich rechtlich von ihnen hätten trennen können.

Die Gesetze zur Abschaffung der Sklaverei ermög-
lichten es den Betroffenen, einen neuen Status auszu-
handeln und sich so ein Stück weit aus der Erniedrigung zu befreien. Andere, die wie Tiere gehalten wurden, kehrten den ehemaligen Besitzern den Rücken.
Die meisten blieben allerdings als Pächter, Schutzbe-
fohlene und auf andere Weise Abhängige bei ihnen.
Die Aussicht auf eine erneute Entwurzelung hielt die

meisten davon ab, die von den europäischen Kolonialherren angebotene Emanzipation umfassend zu nutzen.

»Als Gegenteil der Sklaverei gelten heute automatisch die freie Arbeit oder die verschiedenen modernen Ideale individueller Selbstbestimmung. In der Geschichte wären solche Gegensätze allerdings meistens
absurd oder widersprüchlich erschienen«, sagt David
Brion Davis.[36] Statt nach einem Zustand vollkomme-
ner Freiheit ohne soziale Bindungen zu streben, trach-
teten die afrikanischen Sklaven eher nach der Einbin-
dung in ein normales Netz von verwandtschaftlichen
Beziehungen und Schutz, das für sie auf Dauer die einzige Alternative zur Sklaverei bildete.

Vor diesem Hintergrund lassen sich die paradoxen Folgen der Abschaffung der Sklaverei in einem Großteil
der Kolonien besser beurteilen. Die Prognosen vieler
Abolitionisten hatten sich auf den Mythos von der
erstrebenswerten freien Lohnarbeit gegründet. Aber
die Anklagen von Karl Marx und vielen anderen, die
die Lebensbedingungen des englischen Proletariats
nach der industriellen Revolution geißelten, brachten
die bittere Wahrheit bereits ans Tageslicht. Mit der
Abschaffung der Sklaverei in den afrikanischen und
asiatischen Kolonien bildeten sich dort neue Formen
der profitorientierten, aber keineswegs weniger bruta-
len Ausbeutung heraus. In deren Zentrum stand jetzt
die Maximierung von Produktivität und Profit.

Die Neuerungen, die das Gesicht Afrikas im
19. Jahrhundert veränderten, veranschaulichen sehr
gut das erwähnte Paradox: Mit der Abschaffung des
transatlantischen Sklavenhandels saßen die afrikani-

schen Stämme, die europäische Händler mit Sklaven beliefert hatten, auf ihrer menschlichen Ware fest. Aber mit der gleichzeitigen steigenden Nachfrage nach Elfenbein und anderen Gütern in Europa bot sich ihnen die Gelegenheit, ihre Sklaven auf andere Weise zu nutzen.

»Die Besitzer setzten die Sklaven zur Herstellung von Exportartikeln ein. Die Produktion von Waren für den heimischen Markt lief dabei gleichzeitig weiter – und Sklaven wurden zusätzlich weiterhin für nicht-kommerzielle Zwecke gebraucht.«[37] Wenn sie auch weiterhin andere Aufgaben – im Heer, der Verwaltung und in wohlhabenden Häusern – erfüllten, so verloren diese zunehmend an Bedeutung zugunsten von Arbeiten in der Warenproduktion.[38]

Die Besetzung Afrikas durch die Europäer am Ende des 19. Jahrhunderts beschleunigte diesen Wandel. Doch zunächst duldeten die Kolonialverwaltungen die Sklaverei nicht nur, sondern griffen – wenn auch in regional unterschiedlichem Ausmaß – selbst auf die Arbeit von Sklaven zurück.

So wurden befreite Sklaven von den französischen, belgischen und portugiesischen Armeen in Westafrika, im Kongo und in Mosambik zwangsrekrutiert. Die Schwadron der *Tirailleurs Sénégalais* setzte sich fast vollständig aus Sklaven zusammen, und die Eroberung des Westsudans, mit der die Franzosen 1879 begannen, wurde vornehmlich durch zwangsrekrutierte ehemalige Sklaven ermöglicht.

In den französischen Kolonien Ubangi-Schari (im heutigen Tschad und der Zentralafrikanischen Republik), Guinea und Sudan, im portugiesischen Mosambik, in Belgisch-Kongo und im italienischen Somalia wurden für den Gütertransport, den Aufbau einer Infrastruktur und die Produktion von Lebensmitteln für die aufstrebenden Verwaltungszentren immer mehr Arbeitskräfte benötigt: Anfangs deckten diesen Bedarf vor allem zwangsrekrutierte Sklaven. In einigen Regionen wurden sie von den Vertretern der Regierungen des Mutterlandes aufgekauft und zur Arbeit in den Fabriken oder Agrarbetrieben der Kolonialherren gezwungen.

In den letzten Jahrzehnten des 19. Jahrhunderts rückten die wichtigsten Kolonialmächte von der bisherigen Haltung weder auf ideologischer Ebene noch in der Praxis nennenswert ab. Zwar verpflichteten sich die wichtigsten europäischen Staaten 1889/1890 mit dem Vertrag von Brüssel, Menschenraub und Sklavenhandel zu unterbinden, doch war von einer Abschaffung der Sklaverei keine Rede. Darauf bestanden nicht einmal die Engländer, die nach den Erfahrungen in der Karibik und anderswo zur Überzeugung gelangt waren, eine vollständige Emanzipation der Sklaven sei eher gefährlich und ein entsprechender Vorstoß deshalb zu vermeiden.[39]

Bis Anfang des 20. Jahrhunderts wurde selbst das weniger ehrgeizige Ziel, zumindest den Sklavenhandel zu unterbinden, nur halbherzig verfolgt. Zwar wurden zu diesem Zweck Militärexpeditionen organisiert, aber die europäischen Regierungen verhielten sich vorsichtig, wenn es darum ging, das Verbot auch in den neu erworbenen Kolonien durchzusetzen – aus Furcht vor dem Widerstand der lokalen Häuptlinge. So klammerten die Franzosen das Problem in ihren Verträgen mit dem Staat Dar al-Kuti, wo Sklaven gehalten wurden, bis 1908[40] gänzlich aus und machten in Mauretanien den unterworfenen Stämmen im Bergland von Adrar – ebenfalls einer Sklavenhaltergesellschaft – in dieser Frage die größten Zugeständnisse.

Die französische Regierung hielt die Loyalität und die militärische und wirtschaftliche Unterstützung dieser Verbündeten für unverzichtbar, um der mächtigen Stämme der *Grands Nomades* Herr zu werden. Diese Nomaden durchstreiften alljährlich Hunderte von Kilometern auf der Suche nach Weideland und waren seit Jahrhunderten einer der wichtigsten Akteure im Sklavenhandel innerhalb der Westsahara.

Ähnlich räumten die Portugiesen dem Stamm der Ovimbundu bei der Sklavenhaltung große Spielräume ein und profitierten selbst vom Handel mit Sklaven. Die Deutschen verboten ihn 1895, setzten das neue Gesetz aber vor 1900 weder in Kamerun noch in Togo um. Und die italienische Regierung untersagte erst 1903/1904 den Sklavenhandel in Somalia.

Trotz der zögernden Umsetzung der Gesetze hörten der Menschenraub und der Sklavenhandel im großen Stil nach dem Ersten Weltkrieg in fast ganz Afrika auf. Nur in Äthiopien hielten sie sich bis in die zwanziger Jahre. Der Handel mit geraubten Kindern, der Verkauf von Frauen und der Tausch von Sklaven gegen Waren tauchten vereinzelt weiterhin vor allem in Ostafrika auf, von wo aus die Ausfuhr von Sklaven in den Mittleren Osten – wenn auch in beschränktem Umfang – bis in die Zeit nach dem Zweiten Weltkrieg weiterging.[41]

Ebenso inkonsequent vollzog sich die Aufhebung der Sklaverei: Zwar sprachen zwischen dem Ende des 19. und dem Anfang des 20. Jahrhunderts alle Kolonialverwaltungen Verbote aus, doch blieb deren Umsetzung, wie erwähnt, sehr ungewiß.

So erklärten die Engländer im südlichen Nigeria die Sklaverei 1901 zwar für illegal, erließen zugleich aber strenge Gesetze gegen Landstreicherei und hinderten so die »befreiten« Sklaven daran, ihre ehemaligen Besitzer zu verlassen. Diese erhielten zudem die Erlaubnis, ehemalige Kindersklaven als unbezahlte Lehrlinge zu beschäftigen.

Dieses System hielt sich bis kurz vor dem Ersten Weltkrieg: Zu diesem Zeitpunkt löste die Auspeitschung eines Jungen, der das Haus seines »Arbeitgebers« unerlaubt verlassen hatte, bei englischen Menschenrechtsgruppen heftige Proteste aus.[42]

In Somalia kaufte die Società Benadir, die 1892 das gleichnamige Küstengebiet vom Sultan von Sansibar erworben hatte, zwar einige Sklaven frei, hinderte sie aber daran, ihre ehemaligen Besitzer zu verlassen. Erst 1903 – nach den Anklagen eines Journalisten – verbot die italienische Regierung als Nachfolgerin der Società Benadir den Sklavenhandel und erklärte alle nach 1890 Geborenen zu freien Menschen.[43]

Wo immer möglich, gestalteten die Europäer die rechtliche Stellung der Sklaven so um, daß sie zur Produktion von Exportgütern eingesetzt werden konnten, und versuchten sie nach der Befreiung dort einzubinden. Diese Politik stieß freilich auf zahlreiche Hindernisse, denn kaum bot sich den Afrikanern eine Alternative, zogen sie sich aus der Lohnarbeit zurück.

Um die gewaltige Nachfrage nach Arbeitskräften zu befriedigen, griffen einige Kolonialregierungen auf die »politische Arbeit« zurück, wie sie im südlichen Nigeria hieß:[44] Statt Arbeitskräfte anzuwerben, zwangen die Kolonialherren die lokalen Stammesführer per Gesetz, eine bestimmte Anzahl von Arbeitern zum Einsatz auf den Plantagen oder anderswo bereitzustellen.

Der Weg in die Schuldknechtschaft

Auch in Asien gab es in den verschiedenen Gemeinschaften zahlreiche Formen sklavereiartiger Abhängigkeitsverhältnisse, die sich unter dem Einfluß des Kolonialismus ebenfalls in wenigen Jahrzehnten radikal wandelten. So trat an die Stelle der klassischen Sklaverei auf dem gesamten indischen Subkontinent häufig die Schuldknechtschaft, eine Form der Versklavung, die Millionen Menschen aufgrund von Schulden, die sie niemals abbezahlen können, noch heute als Sklaven zu leben zwingt.

Sklavereiartige Abhängigkeitsbeziehungen waren – freilich mit zahlreichen lokalen Varianten – unter den Hindus und Muslimen Indiens weit verbreitet. Nach einer Schätzung von Sir Bartle Frere lebten um 1841 in Indien acht bis neun Millionen Sklaven. Zog man auch die nichtenglischen Gebiete und Protektorate mit ins Kalkül, so erhöhte sich diese Zahl sogar auf 16 Millionen.[45]

Den bedeutendsten Anteil stellten in der Landwirtschaft beschäftigte Sklaven, die an den Boden gebunden und mit ihm verkauft werden konnten. Obwohl ihre Situation von europäischen Beobachtern mit der Leibeigenschaft gleichgesetzt wurde,[46] spricht nach anderen Forschern die Tatsache, daß sie auch unabhängig vom Boden verkauft werden konnten, eher für eine Klassifizierung als Sklaven: So definiert sie beispielsweise Hjejle, der sich darauf beruft, daß diese Menschen als Sicherheit in Zahlung gegeben und vermietet werden konnten. Außerdem besaß »der Grundherr die uneingeschränkte Verfügungsgewalt über jede Aktivität der Betroffenen«.[47]

Verbreitet war diese ländliche Sklaverei vor allem in Südindien, aber auch in vielen Gebieten Bengalens und in Kumaon. In den nördlichen Gebieten arbeiteten die Sklaven allerdings mehrheitlich nicht in der Landwirtschaft, sondern im häuslichen Bereich, und dort waren sie auf andere Weise abhängig als Unfreie auf dem Land. Während diese kollektiv und auf erblicher Basis versklavt waren, wurden häusliche Sklaven einzeln angeworben oder mußten sich als solche verdingen.

Im Indien des 19. Jahrhunderts entgingen viele dem größten Elend nur dadurch, daß sie sich oder ihre Kinder verkauften – der häufigste Weg in die Sklaverei. Obwohl die häuslichen Sklaven Indiens kaum Rechte besaßen und problemlos weiterverkauft oder getauscht werden konnten, unterschieden sich ihre Lebensbedingungen dennoch von denen der Sklaven auf den Plantagen der Neuen Welt.

Der Status der Inder war vergleichbar mit dem der Sklaven in afrikanischen Clans, die auf der untersten Stufe in die Gesellschaft integriert waren: Sie blieben auch bei Krankheit oder im Alter bei der Familie, konnten heiraten und wurden nach ihrem Tod nach vorgeschriebenem Ritus bestattet. Nach Kumar genoß keine andere Kategorie von Sklaven einen ähnlich hohen Grad an sozialer Sicherheit.[48]

Die Sklaven waren zwar an der – vor allem landwirt-schaftlichen – Produktion beteiligt, hatten im 19. Jahr-hundert nach dem Urteil der meisten Beobachter aber für den Produktionsprozeß eine eher geringe Bedeu-tung. Dem Ergebnis der Indian Law Commissioners zufolge, die 1841 einen Bericht zum Thema erstellten, war Sklavenhaltung hauptsächlich eine Prestigefrage, insofern das Ansehen einer Familie von der Anzahl ihrer Sklaven abhing.

Unter dem Einfluß der Kolonialbesatzung und der Ausweitung der Marktwirtschaft in Indien änderte sich ihr – primär nicht nach wirtschaftlichen Krite-rien ausgerichteter – Status: Die traditionellen Formen der Sklaverei wichen der Schuldknechtschaft. Wie in Afrika spielten bei diesem Wandel die europäischen Akteure eine zwiespältige Rolle. Während sie einerseits die Sklaverei formell abschafften, förderten sie ande-rerseits die Anpassung der Sklaverei an neue Bedingun-gen des Marktes.

Im Jahre 1843 – zehn Jahre nach den ersten abolitio-nistischen Maßnahmen – hob die britische Krone die Sklaverei in allen ihren Besitzungen auf und präsen-tierte sich damit als Freiheitsbringerin für Millionen von Menschen. Allerdings wurde der Erlaß weder ent-schlossen noch konsequent umgesetzt. Jahrzehntelang schufen die Vertreter der East India Company und der englischen Regierung keinerlei Anreiz für die Skla-ven, ihre Besitzer zu verlassen. Sie stellten ihnen weder Land zur Bebauung noch alternative Erwerbsquellen zur Verfügung. Dank der Kolonialregierung stabili-sierte sich das Verhältnis zwischen den ehemaligen Herren und Sklaven zu einem bezahlten Arbeitsverhältnis, das legal war, da es von offiziell freien Personen eingegangen wurde.

Bei diesem zwiespältigen Wandel gibt es häufig ein Mißverständnis: Manche Forscher, die an den Mythos vom zivilisationsfördernden Eingriff durch die Briten glauben, sehen in der modernen Schuldknechtschaft nur das Erbe einer indischen Tradition.[49] Wie diese tatsächlich aussah, geht allerdings sehr deutlich aus einer neueren, in Nordindien durchgeführten Untersuchung hervor.[50] Hier haben sich Beziehungen zwischen Herren und Untertanen oder, besser, zwischen Kriegern verschiedener Ränge, in geldliche Beziehungen zwischen Gläubigern und Schuldnern verwandelt – mit dem ausschließlichen Ziel der wirtschaftlichen Ausbeutung: »Jetzt wird der *Malik*, der kein *Radscha* en miniature mehr ist, zu einem Grundbesitzer, und der *Kamia*, der nicht mehr sein Untertan ist, zum landlosen Tagelöhner, den die Armut in die Schuldknechtschaft zwingt.«[51]

Schon in der Vergangenheit war es üblich, daß der *Malik* dem *Kamia* für Bestattungsrituale oder in finanziellen Notlagen mit kleinen langfristigen Krediten in Geld- oder Naturalform unter die Arme griff. Ab Mitte des 19. Jahrhunderts wurde aus dem Vorschuß, geliehenem Saatgut oder einem zugewiesenen Stück Land zur Bewirtschaftung nun die Grundlage einer Schuldknechtschaft. Der *Kamia* mußte die Schuld beim Gläubiger abarbeiten.

Diese Art Schuldknechtschaft, die an die Stelle der alten Leibeigenschaft trat, ermöglichte eine verbesserte Bodennutzung, ohne daß dazu modernere Anbaumethoden notwendig waren.

In den ländlichen Regionen Indiens war die Schuldknechtschaft besonders erfolgreich. Selbst reiche Bauern aus den untersten Kasten ließen so *Kamia* für sich
arbeiten. Dabei fiel dieses Arbeitsverhältnis aus dem
Rahmen der rituellen Hierarchie heraus: Der Status
des *Kamia* war jetzt nicht mehr an die niedere Kaste
der *Bhuinya* gebunden. Er wurde vielmehr zu einem
Arbeitsverhältnis, das Landlosen aller Kasten offen-
stand.

Das Verhältnis zwischen *Kamia* und *Malik,* das als
Vertrag zwischen Gläubiger und Schuldner galt, wurde
bis ins 20. Jahrhundert von britischen Gerichten als
bindend anerkannt. Übersehen wurde dabei freilich,
daß Schuld und Zins häufig so hoch angesetzt waren,
daß der Betroffene sich aus der Schuldknechtschaft nie
wieder befreien konnte. Dabei hatten die freiwillige
Basis und die beschränkte Dauer bislang als hinrei-
chendes Kriterium für die Unterscheidung der Schuldknechtschaft von der Sklaverei gedient.

Erst 1920 setzte bei der Kolonialverwaltung ein
Gesinnungswandel ein: Nach dem *Bihar and Orissa
Kamiauti Act* durfte die Abgeltung von Schuld und
Zins ein Jahr Arbeit nicht übersteigen. Alle Verträge
mit längerer Laufzeit galten fortan als null und nichtig.

Auch in Afrika wurde die Verpfändung der eigenen
Arbeitskraft und der Angehöriger – das sogenannte
Pawning – in den letzten Jahrzehnten des 19. Jahrhunderts eine immer häufigere Praxis. Zur Ausbreitung
dieser Art Selbstversklavung, die ihre Ursprünge in vorkolonialer Epoche hat, trugen verschiedene Faktoren
bei. Eine erhebliche Rolle spielte die Abschaffung der

barbarischsten Formen der Sklaverei durch die Europäer und die Krise der Subsistenzwirtschaft, durch die sich die Lebensbedingungen der Kleinbauern verschlechterten.

Vor diesem Hintergrund gerieten Millionen Afrikaner, denen zuvor die Ketten der Sklaverei abgenommen worden waren, in eine materielle Notlage, die sie dazu zwang, gewissermaßen sich selbst und ihre Familien zu verpfänden. Von Sklaven unterschieden sie sich allerdings insofern, als sie in ihren Clans blieben – die totale Entwurzelung blieb ihnen erspart – und nicht in den Besitz ihres Gläubigers übergingen. Frauen heirateten häufig in die Familie des Gläubigers ein, wobei das Brautgeld zur Tilgung der Schuld diente.

Viele dieser zeitlich befristeten Verträge – hier gab es allerdings große regionale Unterschiede – sorgten in der Paxis freilich dafür, daß die Schuldknechtschaft auf Dauer und sogar auf erblicher Basis bestehen blieb. Von der Sklaverei im engeren Sinne waren sie damit im Ergebnis nicht mehr zu unterscheiden.[52]

Das *Pawning* blieb in den Randbereichen der Sahara bis zum Ende des Zweiten Weltkrieges weit verbreitet. In den Jahren der großen Wirtschaftsdepression verschärfte sich die Praxis. Wie in Indien vermieden es die europäischen Kolonialherren jahrzehntelang, gegen diesen angeblich »lokalen Brauch« vorzugehen, von dem sie mitunter profitierten. In Angola vergaben portugiesische Kaufleute noch in den vierziger Jahren des vergangenen Jahrhunderts Kredite an Einheimische, die ihnen als Gegenleistung ohne zeitliche Begrenzung ihre Arbeitskraft zur Verfügung stellten.[53]

Nach den Protesten europäischer Menschenrechtsorganisationen versuchten die französischen und die englischen Kolonialregierungen die Praxis zu regulieren. Dabei untersagten sie nur die – für das europäische Empfinden – krassesten Formen: So verboten die Engländer im Süden Nigerias zunächst das Verpfänden von Kindern, dann Zwangsheiraten von Mädchen unter dreizehn Jahren und 1938 schließlich die Zahlung von Schuldzinsen durch Abtretung der eigenen Arbeitskraft. Bis 1949 mußten sich immer wieder Gläubiger wegen eines Verstoßes gegen das Verbot vor Gericht verantworten. Überbleibsel des *Pawning* tauchten in Nigeria und anderswo aber Mitte der siebziger Jahre des 20. Jahrhunderts wieder auf.[54]

Eine zwiespältige Bewegung

Im Verlauf des 19. Jahrhunderts wurden gegenüber der Sklaverei zweierlei Linien verfolgt. Zum einen bildete sich eine Bewegung zu ihrer endgültigen Abschaffung heraus, zum anderen entstanden zahlreiche neue Formen der Ausbeutung, deren Tragweite die Öffentlichkeit zur damaligen Zeit gar nicht wahrnahm.

Den Motor der abolitionistischen Bewegung bildeten von Anfang an Menschenrechtsgruppen. Ihnen gelang es in der zweiten Hälfte des 19. und zu Anfang des 20. Jahrhunderts, die öffentliche Meinung in verschiedenen Ländern gegen Formen der Zwangsarbeit zu mobilisieren, das Problem auf die Tagesordnung der Parlamente und Regierungen zu setzen und deren Entscheidungen zu beeinflussen.

Um die Mitte des 19. Jahrhunderts konzentrierten

sich die Menschenrechtsorganisationen und die öffentliche Meinung in Europa auf das Problem der *Indentured Labour,* die als neue Form der Sklaverei galt. Anfangs nur reglementiert, wurde sie – trotz ihrer wichtigen Funktion als Alternative zur Sklaverei im eigentlichen Sinne – schließlich drastisch eingeschränkt.

Daß die Ströme dieser vertraglich gebundenen Sklavenarbeiter zwischen den Kontinenten schließlich versiegten, ist allerdings den Regierungen der beiden wichtigsten Exportländer – China und Indien – zu verdanken. Die chinesische Regierung versuchte diesen Handel durch ein Abkommen zu regulieren, das sie nach dem ersten Opiumkrieg unterschrieben hatte. Als China um 1870 feststellte, daß es auf die Behandlung dieser Auswanderer keinerlei Einfluß hatte, verhängte es einen kompletten Ausfuhrstopp. Auch die indische Kolonialregierung protestierte häufig gegen die Praktiken im Umgang mit ihren Landsleuten im Ausland und schaffte das System ihrer Anwerbung im Ersten Weltkrieg ab.[55]

Allerdings konnte sich dieses ausbeuterische System, wie erwähnt, in manchen Regionen, vor allem im portugiesischen Afrika, noch einige Jahrzehnte halten. Aber auch hier sorgte internationaler Druck – so drohte vor allem Großbritannien damit, über den Kakao der Plantagen von São Tomé und Príncipe ein Einfuhrembargo zu verhängen – dafür, daß die portugiesische Regierung die Nutzung der *Contractados* durch eine genauere Festlegung von deren Rechten reglementierte.[56]

Daß diese abolitionistischen Maßnahmen in den afrikanischen Kolonien tatsächlich umgesetzt wurden,

war dagegen eher das Verdienst protestierender Bürger-
rechtsvereinigungen und mutiger Journalisten, die die
Mißstände in Reportagen anprangerten. So trieben die
Anklagen der portugiesischen Presse und britischer
Druck die lusitanische Regierung dazu, die Sklaverei
1910 zum zweiten Mal zu verbieten: sieben Jahre nach-
dem die italienische Regierung – auf die Enthüllun-
gen eines Journalisten hin – in Somalia zum gleichen
Schritt gezwungen worden war.[57] Daß auch die Schuldknechtschaft in Indien und ihre afrikanischen Varianten streng reglementiert wurden, verdankte man ebenfalls den Protesten von Menschenrechtsorganisationen
und dem hartnäckigen Engagement von Aktivisten
vor Ort.

Im zweiten und dritten Jahrzehnt des vergangenen
Jahrhunderts traten auf der weltpolitischen Bühne
neue Akteure auf, die bei der Abschaffung der Sklaverei
eine erhebliche Rolle spielen sollten: die internationalen Organisationen. Anfang der zwanziger Jahre lösten
Berichte, wonach in Äthiopien die Sklaverei fortbestand und in Ostafrika und Saudi-Arabien der Sklavenhandel wiederauflebte, in der öffentlichen Meinung
eine Welle der Empörung aus. Die britische Regierung
sah sich veranlaßt, im Völkerbund die Bildung einer
provisorischen Kommission zur Sklaverei zu verlangen.

Als wichtigstes Ergebnis verabschiedete sie 1926
eine Konvention, in der Sklaverei als Situation einer
Person definiert wurde, »auf die sämtliche oder eines
der Eigentumsrechte ausgeübt wird«. Alle Unterzeichnerstaaten verpflichteten sich zu ihrer schrittweisen
Abschaffung.

Diese Kommission ging auch das Problem der

Zwangsarbeit an, die im Anschluß ebenfalls mit einer Konvention verboten wurde. Erlaubt waren von nun an nur noch zwangsverpflichtete Arbeitsleistungen, die für die öffentliche Hand erbracht wurden. Das neugegründete Internationale Arbeitsamt (engl.: *International Labour Office*, IAA) handelte 1930 eine Konvention gegen die Zwangsarbeit aus, die mit wenigen Ausnahmen in allen Erscheinungsformen verboten wurde. Gleichzeitig verbot das IAA den erzwungenen Anbau von Exportprodukten und verurteilte andere Praktiken der Kolonialmächte zur Anwerbung billiger Arbeitskräfte.[58]

Gegen die neuen internationalen Bestimmungen verstießen mitunter gerade diejenigen Nationen, die ihre engagiertesten Verfechter gewesen waren. So griffen die Engländer im Zweiten Weltkrieg auf Zwangsarbeiter zurück, um ihre Erträge in der Landwirtschaft und in den Minen Afrikas konstant zu halten.[59] Der belgische Teil des Kongo, der die Konvention gegen die Sklaverei erst 1944 ratifizierte, schaffte die Zwangsarbeit zwar schon in den zwanziger Jahren ab, führte die Praxis des Zwangsanbaus bestimmter Getreidearten – angeblich zur »Schulung« – aber bis in die fünfziger Jahre fort.[60]

Und die Franzosen übten in den Kolonien weiterhin Druck auf Einheimische aus, um sie zur Unterzeichnung ausbeuterischer Arbeitsverträge zu bringen. Zudem begegneten sie dem Arbeitskräftemangel in den vierziger und fünfziger Jahren durch den Einsatz von Strafgefangenen als Zwangsarbeitern. Obwohl sie 1957 eine weitere Konvention gegen Zwangsarbeit unterzeichnet hatten, versuchten sie ein Jahr später in

Ubangi-Schari Bauern zum Anbau von Baumwolle zu zwingen.[61]

Besonders verbreitet und zählbig war die Zwangsarbeit in Angola und Mosambik. Bis Mitte der sechziger Jahre wurden dort viele Afrikaner gezwungen, monatelang für Hungerlöhne oder unentgeltlich in öffentlichen und privaten Betrieben zu schuften. Nach Protesten Ghanas, das Portugal Verletzung der Konvention von 1957 vorwarf, änderten die Portugiesen das Steuer- und Arbeitsrecht, die die gnadenlose Ausbeutung von Hunderttausenden ermöglicht hatten.[62] Die Schuldknechtschaft schließlich ist auf dem indischen Subkontinent noch heute weit verbreitet. Sie stellt eine der wichtigsten und heimtückischsten Formen der zeitgenössischen Sklaverei dar.

Die Zwangsarbeit in den Diktaturen des 20. Jahrhunderts

Aus Menschen durch Zwang eine möglichst große Arbeitsleistung herauszupressen, war keine nur den afrikanischen und asiatischen Kolonien eigene Praxis. Zwangsarbeit wurde in großem Maßstab vielmehr auch auf europäischem Boden praktiziert – unter den faschistischen und kommunistischen Diktaturen. Das Nazi-Regime in Deutschland, das während des Zweiten Weltkrieges sechs Millionen Juden, Roma und politische Gegner ermorden ließ, beschäftigte zudem etwa acht Millionen Zwangsarbeiter, die unter den Kriegsgefangenen der besetzten europäischen Länder und unter den Insassen der Konzentrationslager ausgewählt wurden. Sie leisteten in staatlichen oder privaten Betrieben Sklavenarbeiten und hielten die deutsche Kriegswirtschaft am Laufen.

Wie bekannt ist, verklagten 1997 Dutzende ehemalige Zwangsarbeiter in den USA deutsche Firmen auf Entschädigungszahlungen, darunter die beiden wichtigsten deutschen Großbanken und Industriekolosse wie Volkswagen, Daimler-Benz, MAN, Telefunken und WMF.

Die deutschen Firmen hatten es stets abgelehnt, für die Beschäftigung von Zwangsarbeitern die rechtliche Verantwortung zu übernehmen – unter Berufung darauf, die NS-Regierung habe sie zu deren Beschäftigung gezwungen. Folglich weigerten sie sich auch, in den Entschädigungsfonds der Bundesregierung einzuzahlen, aus dem seit Kriegsende über 120 Milliarden Deutsche Mark an die Opfer des Nazi-Regimes geflossen sind.

Aus Furcht vor einem Imageverlust und vor Boykotten amerikanischer Verbraucher erklärten sich einige Firmen dennoch bereit, die ungefähr 500 000 überlebenden NS-Zwangsarbeiter mit zu entschädigen – auch unter dem Eindruck der historischen außergerichtlichen Einigung, die die größten Schweizer Banken mit klagenden Holocaust-Überlebenden geschlossen hatten.

Die Banken hatten sich verpflichtet, einen Fonds von 1,25 Milliarden Dollar zur Entschädigung von Tausenden von Juden einzurichten, die während des Zweiten Weltkrieges ihre Ersparnisse angelegt und das Geld nach Kriegsende nie zurückerhalten hatten.

Nach dem Zusammenbruch der Sowjetunion konnten die Forscher neues Archivmaterial auswerten: Schätzungen zufolge waren 1945 in der UDSSR und den Regionen, die die Sowjetarmee beim Vormarsch nach Westen besetzt hielt, mindestens vier Millionen Menschen als Zwangsarbeiter beschäftigt.

Die Arbeitslager des GULAG, die ab 1918 zur Ausschaltung politischer Gegner entstanden, wurden zu einem wesentlichen Bestandteil der Industrialisierungspläne Stalins. Durch den wirtschaftlichen Zweck gerieten die ursprünglichen Ziele von Strafe und Umerziehung immer mehr in den Hintergrund.[63] Zwangsarbeit im GULAG gab es noch bis Anfang der neunziger Jahre, auch wenn die Anzahl der Gefangenen von mehreren Millionen auf hunderttausend und schließlich auf ein paar Dutzend schrumpfte.[64]

Weder die zahlreichen Verstöße gegen internationale Abkommen noch die Episoden brutaler Ausbeutung, die – allerdings in unterschiedlichem Ausmaß – in demokratischen Nationen wie in Diktaturen vorkamen, konnten die Bewegung aufhalten, die der Degradierung des Menschen zu Ware entgegentrat. Locker organisiert und häufig spontan operierend, agiert sie seit Anfang des 19. Jahrhunderts, wobei sie auf lokaler, nationaler oder internationaler Ebene immer neue Aktivisten anzieht. Obwohl sie Niederlagen einstecken mußte und auch unerwünschte Ergebnisse erzielte, stellt sie nach wie vor die wirkungsvollste Barriere gegen die Versklavung von Menschen dar. Ihr verdankten Millionen ihre Freiheit.

Die sexuelle Versklavung

Sexuelle Sklaverei

Keine Form der sexuellen Sklaverei ist heute irgendwo auf der Welt legal und durch Gesetze gedeckt. Trotzdem gibt es sie mehr oder weniger sichtbar noch immer – innerhalb besonderer »Vertriebssysteme« für Menschen und als Teil einer vielfältig organisierten Sexindustrie. Der heutige Sexmarkt bedient zahlungskräftige Kunden, die für Stunden, Wochen oder Monate einen Menschen mieten möchten – ohne Einschränkungen bei der Nutzung. Die Rede ist hier von den bekannten Formen der Prostitution, die bis zur totalen Kontrolle des Käufers über das »Objekt« gehen können.

Noch zahlreicher sind Fälle, bei denen die Beziehungen zwischen Opfer und Peiniger an das Herrschaftsverhältnis der klassischen Sklaverei erinnern. Allerdings gibt es einen Unterschied: Heute werden solche Beziehungen unangefochten von den Kräften des Marktes beherrscht.

In den letzten Jahrzehnten ist ein hochlukrativer Markt für sexuelle Dienstleistungen entstanden. Dabei gilt: Je gröber die Verstöße gegen Menschenrechte, desto höher die Profite. Sexsklavinnen sind zu einer besonders begehrten Ware geworden: Der weltweite

Markt an Frauen und Kindern, die als Sklaven gezwungen sind, die Bedürfnisse und Perversionen zahlender Kunden zu befriedigen, hat alarmierende Ausmaße angenommen.

Die Ketten dieser Sklaven sind nicht sichtbar. Dies ist auch nicht notwendig und erst recht nicht opportun. Die Versklavung findet auf moderne Art über ein ganzes Spektrum an Zwängen statt: Es reicht von Drohungen und psychischem Druck über Erpressung und Schulden bis hin zu Prügel, Verstümmelungen und Ermordung.

Der neue Sklavenhandel floriert inzwischen an den unterschiedlichsten Orten der Erde: »In den Bordellen von Manila und Nairobi, auf den Straßen Rios und New Yorks, in den Bars von Amsterdam und Bangkok, in Autobussen, auf Bahnhöfen und in Hotelzimmern in allen Teilen der Welt. Millionen Kinder sind von sexueller Ausbeutung bedroht oder sitzen bereits in der Falle einer Milliarden umsetzenden Sexindustrie. Kinder, die zum Spielball zynischer und skrupelloser Erwachsener werden. Kinder, die als Zielscheiben der Gewalt schweren gesundheitlichen Risiken ausgeliefert sind. Kinder ohne Recht auf Ausbildung und ohne alle anderen Rechte. Kinder, denen die Kindheit und jede normale Möglichkeit der Entwicklung geraubt wird.«[1]

Neben Kindersklaven wird ein ganzes Spektrum an jungen Frauen nach althergebrachten und neuen Methoden ge- und verkauft: über Kataloge und auf Straßenmärkten, über Zeitungsinserate oder direkt vom Vater, dem Ehemann oder dem Bruder, der über sie die Herrschaft ausübt. Heranwachsende Mädchen, die fast noch Kinder sind und deren Jungfräulichkeit von skrupellosen Ausbeutern vermarktet wird. Die Verbrecher kennen den Wert der Ware Mensch: Während eine Schiffsladung Waffen oder eine Sendung Drogen nur einmal verkauft werden kann, lassen sich aus der Vermietung erniedrigter Menschen immer neue Profite ziehen. Ein junges Mädchen kann Hunderte, ja Tausende Male zu sexuellen Handlungen gezwungen und dann zum herabgesetzten Preis in ein weniger profitables Marktsegment weiterverkauft werden. Ein kleiner Bub, der an pädophile Touristen vermietet wird, kann sich – wenn nicht zu alt oder durch Aids oder andere Krankheiten aus dem Geschäft – für den Besitzer als echte Goldgrube erweisen. Er muß nur mit Essen, Unterkunft und Kleidung versorgt werden.

Mädchen als Unterhalterinnen, als Masseusen, als Begleiterinnen für den Abend, als Gespielinnen für die Nacht. Mietfrauen für Stunden, Tage oder Wochen. Dienste zur Begleitung, zur Repräsentation, zur kosmetischen und spirituellen Behandlung. Die Bedeutung ist immer dieselbe. In diesem Bereich der Weltwirtschaft macht der Warenverkehr an keiner nationalen oder gesetzlichen Grenze mehr halt. Das Angebot befriedigt eine Nachfrage auf einem globalisierten Markt, auf dem die Gefühle von Menschen keine Rolle spielen.

In immer mehr armen Ländern werden heranwachsende Mädchen in billigen Bordellen ausgebeutet. Zwanzig Stunden lang, ohne Ruhetag bedienen sie täglich bis zu vierzig Freier. Und in den reicheren Ländern leben Frauen in Verhältnissen echter Sklaverei, weil sie als Illegale im Land über keinen gesetzlichen Schutz verfügen und in Nachtclubs oder auf der Straße zur Prostitution gezwungen werden.

Organisierte Kriminelle, die auf internationaler Ebene den Pädophilenmarkt bedienen, liefern den Kunden inzwischen nicht mehr nur Kinder, die an Traumstränden perverse Bedürfnisse befriedigen. Im Angebot sind zudem »Überlebenspakete« mit falschen Pässen, Broschüren zum Umgang mit den Behörden im Problemfall und Ratschläge, wie man jeden Verdacht vermeidet.[2]

Dank der allgemeinen Gleichgültigkeit und der weitverbreiteten Korruption werden nach den immer gleichen Mustern Hunderttausende von Sexsklaven gezwungen, gegen Kost und Logis anderen ihren Körper zur Nutzung zu überlassen. Während die klassischen Formen der Sklaverei auf bestimmte Regionen beschränkt und an Vorbedingungen geknüpft waren, ist die sexuelle Versklavung von Menschen offenbar grenzenlos auf dem Vormarsch.

Hinter der globalen Verbreitung dieser Sklaverei stehen bestimmte Mechanismen. Einer beruht auf einer Konstante in der menschlichen Psyche und deren Beziehung zum Körper. So zeigt die Geschichte der Sklaverei, daß sich deren härteste Formen stets auf die vollständige psychische und soziale Abhängigkeit und mithin auf jene Verletzbarkeit und Erniedrigung gründen, die alle Menschen erfahren, die ihre Sexualität zu Markte tragen müssen.

Nicht zufällig waren die Sklaven aller Zeiten und aller Länder auch dem sexuellen Ge- und Mißbrauch ihrer Herren ausgeliefert. Die schrittweise und vollständige Abtretung der Verfügungsgewalt über den eigenen Körper führt unweigerlich zu einem Verlust der Selbstachtung. Dies ist einer der grundlegenden

Mechanismen der Versklavung, die psychische und moralische Hörigkeit des Opfers, die sich mehr oder weniger offen in jede Beziehung zwischen Herrn und Sklaven einschleicht.

So beginnt denn auch der Leidensweg von Millionen Frauen und Kindern, die sexuell versklavt werden, mit einem Trauma: Dazu gehört ihre seelische Zerstörung, der Verlust ihrer Identität und die Erzeugung tief verwurzelter Minderwertigkeitsgefühle. Nach den Aussagen vieler betroffener Frauen war die Erniedrigung der ersten Tage Teil einer festen Strategie, mit der sie gefügig gemacht wurden.

»Die Frauen und Mädchen, die seit Jahren im Bordell arbeiten, erinnern sich detailliert an die ersten Tage. Sie sprechen von Versuchen, sich zur Wehr zu setzen, von der erlittenen Gewalt, den Verletzungen und ihren großen Schwierigkeiten, Tränen zu unterdrücken. Ein typischer Fall ist Tar Tar. Sie wurde als Jungfrau für 480 Dollar an einen Freier vermietet. Der Mann brachte sie in ein Hotel in Bangkok und vergewaltigte sie dort. Seine Ehefrau wartete unten im Wagen. Tar Tar schrie vor Schmerz und verlor das Bewußtsein. Aber niemand hörte ihre Schreie. Wohl deshalb nicht, weil das Hotelzimmer groß und teuer war.«[3]

Viele birmanesische Mädchen erzählen davon, daß sie ihre Jungfräulichkeit durch Vergewaltigung im Bordell verloren haben. Die Praxis, neue Mädchen durch ein Inferno ununterbrochener Gewalt gefügig zu machen, ist anscheinend auch in Indien verbreitet.[4] Dagegen werden Mädchen aus Nepal in eigens dafür vorgesehenen Örtlichkeiten zunächst durch Folterungen willfährig gemacht. Ist ihr Wille gebrochen und

ihre Selbstachtung zerstört, nehmen die Zuhälter und
Bordellmütter differenziertere Haltungen ein. Einige
beschimpfen und demütigen die Mädchen weiterhin,
während andere ihnen Ersatz für die familiäre Zuwen-
dung anbieten. Schlagen diese Methoden fehl und lei-
stet das Mädchen immer noch Widerstand, wird es
wieder geprügelt und erniedrigt: vom Bordellbesitzer,
von professionellen Vergewaltigern oder von Kunden,
denen erlaubt wird, das Mädchen zu quälen.[5]

Die Verbreitung der sexuellen Versklavung wird
durch ein weiteres Element gefördert: durch den besonders hohen Marktwert sexueller Dienstleistungen. Ver-
glichen mit anderen unqualifizierten Tätigkeiten sind
sie hochlukrativ. Die gewaltigen Verdienstmöglichkei-
ten spielen bei der rasanten Ausbreitung der sexuellen
Ausbeutung und Entwürdigung von Menschen eine
ganz zentrale Rolle.

Bei den Betroffenen handelt es sich vornehmlich um
besonders schutzlose Gruppen, um Frauen und Kinder,
die am Rande der Gesellschaft stehen oder die wegen
ihres Alters auf dem normalen Arbeitsmarkt noch nicht
Fuß fassen konnten. Dagegen setzt sich die Gruppe der
Ausbeuter immer stärker aus Kriminellen verschiedener Couleur zusammen. Zu ihnen gehören die einfluß-
reichsten und berüchtigtsten Verbrecherorganisationen
der Welt, so die japanischen Yakuza, die chinesischen
Triaden und die Russenmafia.

Daß sich die Sexsklaverei immer weiter verbreitet,
hängt auch mit einer zwiespältigen und lückenhaften
Gesetzgebung zur Prostitution zusammen. Die beste-
henden Regelungen und vor allem ihre Umsetzung
können den Handel mit Frauen und Kindern bislang

nicht wirksam bekämpfen. Die Opfer sind selten in der Lage, ihren Rechten Geltung zu verschaffen: Der Rechtsweg ist ihnen versperrt, weil ihre Lage sie daran hindert, ihre Peiniger anzuzeigen.

Dies ist vor allem in den entwickelteren Ländern der Fall. Dort fördert die illegale Einwanderung ein Angebot an sexuellen Dienstleistungen, die unter sklaverei-ähnlichen Bedingungen erbracht werden. Dagegen sorgen in Entwicklungsländern korrupte und ineffizient arbeitende Polizeikräfte dafür, daß die Rechte der Opfer mit Füßen getreten werden und die Täter straffrei ausgehen.

Vom Mädchenhandel zum Sextourismus

Betrachtet man in groben Zügen die Geschichte des Geschäfts mit sexuell ausgebeuteten Frauen, so fällt auf, daß die Fälle sprunghaft angestiegen sind. Dabei ist die gegenwärtige Sexindustrie nicht durch eine schrittweise Ausweitung lokaler Märkte entstanden, und noch weniger handelt es sich um eine natürliche Entwicklung wie beim spontanen Aufschwung legaler Märkte.

Die Märkte, die auf der Ausbeutung von Menschen beruhen, sind keine »natürlichen« Universen, denn niemand begibt sich freiwillig oder gerne in eine Beziehung der totalen Abhängigkeit. Vor diesem Hintergrund leuchtet ein, daß sich gegen diese Art der Sklaverei schon im 19. Jahrhundert Widerstand formiert hat.

Die Ächtung der sexuellen Ausbeutung von Frauen erfolgte in zwei Phasen, die beide von bedeutenden

politischen Erfolgen begleitet wurden. Die erste Phase
vollzog sich in England in der zweiten Hälfte des
19. Jahrhunderts. Damals richtete sich die Kritik gegen
die staatliche Legitimierung von Bordellen, die als
Orte der Erniedrigung und sexuellen Ausbeutung von
Frauen galten.

Der Kampf erfolgte vor dem Hintergrund der ersten
Bewegungen zur Frauenemanzipation. Die erniedrigendsten Formen der Prostitution traten unter den
ärmsten und besonders benachteiligten Schichten zutage, die neuerdings in den Städten entstanden waren.
In den Bordellen englischer Städte zeigte sich die Ausbeutung von Frauen und Kindern von ihrer brutalsten
Seite: Wie heute in Entwicklungsländern wurden heranwachsende Mädchen zu Spottpreisen vermietet und
schon Vierjährige aus Profitgier sexueller Gewalt ausgeliefert.[6]

Die damaligen Praktiken, mit denen Prostituierte
angeworben wurden, gleichen auf erschütternde Weise
den heute in verschiedenen Gegenden der Welt üblichen: »Mädchen wurden häufig durch Zeitungsannon-
cen angelockt, die Anstellungen anboten – meistens für
Haushaltsarbeit – oder wurden auf Bahnhöfen ange-
sprochen, wo junge Mädchen, die vom Land in die
Stadt kamen, leicht zu erkennen waren.«[7] Ein Teil der
englischen Mädchen wurde im Netz der örtlichen Bordelle »verwertet«, ein anderer Teil »ausgeführt« und
auf das europäische Festland verkauft.

Die Kampagne Josephine Butlers zielte gegen den
Contagious Diseases Act von 1869, eine Anordnung,
mit der die Prostitution strenger staatlicher Kontrolle
unterstellt und Bordelle so institutionalisiert wurden.

Das Gesetz zwang die Prostituierten, ihr Gewerbe nur an bestimmten Örtlichkeiten auszuüben. Nach Butlers Meinung waren sie durch diese Regelung stärker der Ausbeutung von Zuhältern ausgeliefert. Sie schränkte zudem ihre Möglichkeiten zum Berufswechsel ein und zementierte so ihre gesellschaftliche Isolation. Unter der zweifachen Kontrolle von Staat und Zuhälter gerieten sie in eine vollständige rechtliche und physische Abhängigkeit. Die administrative Erfassung und die vorgeschriebenen Gesundheitskontrollen der Frauen wurden geradezu als Instrumente zu ihrer Versklavung gesehen: Die Festlegung auf Bordelle bedeutete eine gesellschaftliche Stigmatisierung, von der die Frauen in dieser Form bislang verschont geblieben waren.

Diese Kritiken zeigen eines deutlich: daß sich der Berufsstand der heutigen Prostituierten, die ihr Gewerbe an einem festen Ort ausüben, die von den Gesundheits- und Steuerbehörden kontrolliert werden und die der Willkür von Zuhältern und Bordellmüttern ausgeliefert sind, erst durch institutionelle Eingriffe etabliert hat. So entstand in fast allen europäischen Ländern ab dem 19. Jahrhundert der rechtliche Rahmen für einen Sexmarkt, auf dem Prostituierte in massiver Weise Erniedrigungen ausgesetzt sind.

Die Reglementierung der Prostitution wurde zu einem Stützpfeiler der modernen öffentlichen Ordnung und Gesundheitsvorsorge. In einer Zeit des industriellen Wachstums und der zunehmenden Verstädterung, in der die Polizeigewalt noch schwach ausgebildet war, wirkten so die in der Prostitution tätigen organisierten Banden bei der Aufrechterhaltung der öffentlichen Ordnung mit. Wie schon Foucault hervorhob:

Die Prostitution an das städtische Verbrechertum zu »verpachten« stellte das Mittel dar, mit dem eine zunächst nomadisierende Kriminalität seßhaft gemacht wurde. Damit war sie für die Kräfte der Polizei einfacher zu kontrollieren.[8]

Josephine Butlers Kampagne führte 1886 zur Abschaffung des Contagious Diseases Act. Wie sich herausgestellt hatte, hing das Wachstum des Sexmarktes und dessen Ausgestaltung eben nicht nur von der grassierenden Armut, sondern auch vom juristischen Umgang mit der Prostitution und ihrer Eingliederung in die Gesellschaft ab. Ein Gegenbeispiel, das die Bedeutung dieser Beziehung belegte, war Australien: Mangels besonderer Regularien entstand in dieser Kolonie in den gleichen Jahren ein Markt, der ohne kriminelle oder andere Vermittler zwischen Huren und Freiern auskam.[9]

Die zweite Phase des Kampfs gegen die sexuelle Ausbeutung der Frauen wurde auf übernationaler Ebene ausgefochten: Hier ging es um die erniedrigenden Lebenssituationen der Opfer und vor allem auch um den Kampf gegen die internationalen Banden, die den Sexmarkt belieferten.[10] Die Kampagne gegen den »Mädchenhandel« richtete sich gegen die Gewalt- und Betrugspraktiken, mit denen Mädchen in die Prostitution gezwungen wurden.

Zielte die erste Kampagne auf eine Reformierung der Gesetze, so suchte die zweite hauptsächlich nach Methoden im Kampf gegen Kreise, die den Handel mit Frauen förderten. Jetzt ging es auch um den Schutz der Opfer: Es waren ja immerhin Europäerinnen, die von »Mädchenhändlern« als Nachschub an Bordelle in ferne Länder verkauft wurden.

Obwohl die einzelnen Staaten das Problem der Prostitution von sich aus angingen, erlebte der Handel mit Frauen mit der verstärkten Auswanderung nach Übersee einen Aufschwung. In den bevölkerungsreichsten Städten Europas arbeitete ein ganzes Netz von Agenten, die immer neue Mädchen anwarben, die dann zur Prostitution gezwungen wurden. Oft wurden die Opfer von Männern, die ihnen Liebe schworen, zur Auswanderung nach Übersee überredet. Sie geleiteten sie zu den großen Häfen von Marseille, London oder Genua, wo sie auf Linienschiffe verfrachtet und unter dramatischen Bedingungen in die Kolonialländer verschickt wurden. Am Zielort erwartete sie eine herbe Enttäuschung: Sie landeten in einem Bordell, in dem sie schließlich auch alt wurden. Ihre einzige Hoffnung bestand darin, einen reichen Gönner zu finden oder selbst ein Bordell zu eröffnen.

Die Praxis, junge Frauen mit falschen Versprechungen zur Auswanderung zu überreden, wurde schon Ende der siebziger Jahre des 19. Jahrhunderts öffentlich angeprangert.[11] Trotzdem wurde der Handel mit Frauen um die Jahrhundertwende zu einer wichtigen Einnahmequelle für kriminelle Banden aus verschiedenen Nationen. Sie rekrutierten in Rußland, dem österreichisch-ungarischen Kaiserreich und in anderen europäischen Ländern Mädchen, die dann in den Bordellen Lateinamerikas oder seltener Nordamerikas, des Nahen Ostens, Asiens oder Südafrikas landeten.

Politische Brisanz erhielt das Thema Mädchenhandel, als die Abschaffung der Sklaverei in den amerikanischen Kolonien in die letzte Phase trat: Die Delegierten der Brüsseler Konferenz bekräftigten in einem Dokument ihren Willen, »die Verbrechen und die verheerenden Folgen des Handels mit afrikanischen Sklaven zu beenden, die eingeborene Bevölkerung Afrikas zu schützen und diesem Kontinent die Errungenschaften des Friedens und der Zivilisation zu garantieren«.[12] Sozial engagierte Gruppen nutzten das Forum, um erstmals auf das Problem des »Mädchenhandels« aufmerksam zu machen. So unterzeichneten 1904 verschiedene Staaten ein erstes europäisches Abkommen, das dann mit dem Protokoll von 1910 verbessert wurde.[13]

Die Unterzeichnerstaaten verpflichteten sich darin, die Einwanderung von Frauen intensiver zu kontrollieren, an Bahnhöfen und Häfen mehr Polizeikräfte einzusetzen und die Rückführung der betroffenen Frauen zu organisieren. Eingeführt wurde zudem die Verpflichtung für Frauen, sich auf längeren Reisen begleiten zu lassen und die Gründe für ihre Abreise anzugeben.

In der zweiten Hälfte des 19. Jahrhunderts ließen die zunehmende Verstädterung und die ersten männlichen Einwanderungswellen in die Neue Welt die Nachfrage nach bezahltem Sex in die Höhe schnellen. An diesen großen Migrationsbewegungen hatten Frauen nur einen geringen Anteil. Der Gang zur Prostituierten erfüllte für die hart arbeitenden Einwanderer, die in der neuen Heimat schwierige Lebensbedingungen vorfanden und unter Einsamkeit und Heimweh litten, eine wichtige Funktion. Zur Befriedigung ihrer sexuellen Bedürfnisse wurden Europäerinnen – sie waren beliebter als die einheimischen Frauen – in die Städte der Kolonien transferiert und dort zur Prostitution gezwungen.

In vielen Städten, vor allem der englischen oder französischen Territorien, unterstand das Gewerbe den in Europa üblichen Regelungen, die eine gesundheitliche Überwachung und allgemeine Kontrolle der Prostituierten vorsahen.

In den Kolonialstädten fragten allerdings nicht nur weiße Einwanderer nach billigem Sex, und nicht nur Europäerinnen waren zum Verkauf ihres Körpers gezwungen. Die Armut trieb Tausende einheimischer Frauen und Mädchen aus ihren Dörfern in die Städte, wo sie – oft auf der Grundlage einer Schuldknechtschaft – ebenfalls ins Netz der Prostitution gerieten. Diese Erscheinung, die aus der Diskussion um den »Mädchenhandel« ausgeschlossen blieb, nahm ebenfalls beachtliche Ausmaße an.

Der Boom, den der Handel mit Frauen im 19. Jahrhundert erlebte, erfolgte nach unterschiedlichen Mustern. So hatten die zugewanderten Mädchen, die den Nachschub für den indischen Prostitutionsmarkt bildeten, nur mittellange oder kurze Reisen hinter sich: In Kalkutta – einer besonders rasch wachsenden Kolonialstadt – kam die Mehrheit aus den Nachbarregionen. 1879 wurden fast 2500 Bordelle Kalkuttas dem englischen Contagious Diseases Act unterstellt, der den Prostituierten, wie erwähnt, regelmäßige Gesundheitsuntersuchungen auferlegte. Erste Rotlichtviertel entstanden. Die Kunden waren hauptsächlich britische Soldaten, zugewanderte Arbeiter und durchreisende Geschäftsleute.

Für Frauen aus den untersten gesellschaftlichen

Schichten bildete die Prostitution ein Mittel zum wirtschaftlichen Überleben: Bis 1881 war Frauen und Kindern die Fabrikarbeit faktisch verboten. Nach einer
Erhebung von 1911 machten die 14271 Prostituierten
Kalkuttas 25 Prozent der erwerbstätigen Frauen aus
(die übrigen arbeiteten zu einem großen Teil als Haushaltshilfen).[14]

Aus China wanderten ab Mitte des 19. Jahrhunderts
fast ausschließlich Männer aus – unter anderem deshalb, weil Chinesinnen das Land bis 1911 nur in Begleitung von Familienangehörigen verlassen durften.[15]
So entwickelte sich ein schwunghafter Handel mit chinesischen Mädchen und Frauen, die als Dirnen und
begehrte *Mui-Zai,* junge Dienstmägde, in die übersee-
ischen Kolonien verfrachtet wurden. San Francisco,
Sitz einer großen chinesischen Gemeinschaft, wurde
zu einem bevorzugten Zielort der Banden des Men-
schenschmuggels. Singapur und Hongkong spezialisierten sich als Städte auf die Aufnahme oder den Tran-
sit dieser »Ware«. Obwohl in den englischen Kolonien
jede Form von Sklaverei abgeschafft war, tolerierten
die Behörden in beiden Städten das Anwachsen des
Prostitutionsmarktes.

Die Ausweitung des Angebots an »Freizeitaktivi-
täten« für Einwanderer wurde positiv gesehen: 1872
lag in Hongkong der Frauenanteil unter der chinesischen Bevölkerung etwas über 28 Prozent. Dabei hatte
der für die Kolonien zuständige Minister schon 1856
festgestellt, daß die meisten Prostituierten der Hafen-
stadt Sklavinnen waren: Aber die offizielle Politik zielte
nicht auf die Abschaffung der Mißstände, sondern
nur auf die Organisation medizinischer Kontrollen,

die in der Kolonie die allgemeine Gesundheit schützen sollten.[16]

Gegen Ende des Jahrhunderts, als in Singapur die Chinesen durch Zuwanderung zur beherrschenden Bevölkerungsgruppe wurden, nahm die Prostitution dort explosionsartig zu. Die Stadt verwandelte sich binnen kurzem in einen Umschlaghafen für den süd-ostasiatischen Menschenhandel:[17] Neben den angehen-den Lastenkulis und Tagelöhnern landeten hier auch Frauen und Kinder, die zur Prostitution und in die Skla-verei gezwungen wurden.

Abgewickelt wurde dieser Menschenhandel über komplexe Wege. Organisationen in und um Kanton warben die Opfer an, die dann über ein dichtes Vertei-lernetz nach Hongkong und an die organisierten Ban-den der Triaden von Singapur weitervermittelt wur-den. Um die Jahrhundertwende waren in der Stadt an der Südspitze der Malaiischen Halbinsel drei Viertel der Prostituierten Chinesinnen und ein Viertel Japa-nerinnen. Dabei waren die Behörden durchaus infor-miert, daß jetzt so wie in China und Hongkong ein ganzes Spektrum an illegalen Geschäften blühte: neben Schmuggel und Glücksspiel auch der Handel mit Rauschgift und Mädchen.

Die Geheimorganisationen der Triaden waren in Sin-gapur schon seit langem im Mädchenhandel aktiv: 1879 unterhielten zu ihnen bekanntermaßen sämtliche chi-nesischstämmigen Bordellbesitzer Verbindungen oder gehörten ihnen unmittelbar an.[18] Neben der Einfuhr von Frauen und Mädchen schützten sie die Bordell-betriebe und erpreßten bei den legalen und illegalen Unternehmen in Singapur in großem Stil Schutzgelder.

Während die lokalen Mafiabanden nur für den Nachschub zuständig waren, wurden die Mädchen direkt durch die Bordelle ausgebeutet, die jeweils um die fünfzehn Mädchen beschäftigten. Die strenge Führung oblag Frauen, die vornehmlich aus Kanton stammten und sich mit »Mutter« anreden ließen. Diese Bordellmütter gingen später schrittweise dazu über, neue Mädchen auch in den ländlichen Gebieten Südchinas anzuwerben.

Zur Unterwerfung der Opfer dienten häufig Schulden. So mußten die Mädchen bei der Ankunft im Bordell Verträge unterzeichnen, die sie zur Rückzahlung der vom Bordellbesitzer an den Händler gezahlten Summe verpflichteten. Diese Schuld mußte abgearbeitet werden, wobei die Mädchen bis zur vollständigen Tilgung – als lebendes Unterpfand – an andere Bordellbesitzer weitergegeben werden konnten.

Die in Singapur tätigen kriminellen Geheimorganisationen sorgten mit dafür, daß sich der Markt des billigen Sex zu einer hochprofitablen Industrie mit gewaltigen Gewinnspannen entwickelte. Für die Frauen aus dem ländlichen China, die den Banden ins Netz gingen, gab es kein Entrinnen. Die Prostitution blieb in Singapur und in Hongkong trotz gewisser Einschränkungen bis in die dreißiger Jahre legal, und die zahllosen Formen dieses Menschenhandels wurden niemals ernsthaft verfolgt.[19]

Die Zwangsprostitution wurde im 19. Jahrhundert mit der Zunahme der Wanderungsbewegungen von Männern zu einem Massenphänomen, das als Nebenprodukt der Verstädterung gesehen werden kann. Auch im 20. Jahrhundert wurde die sexuelle Versklavung von Frauen durch eine massenhafte Mobilisierung von Männern eingeleitet – diesmal allerdings unter anderen Vorzeichen. Die brutalsten Formen der Ausbeutung der Frauen geschahen nicht mehr im Umfeld einer von der Arbeitssuche gesteuerten Abwanderung der Männer. Auch wenn diese gesellschaftlichen, wirtschaftlichen und demographischen Faktoren noch immer eine gewisse Rolle spielten, waren es bis über die siebziger Jahre des 20. Jahrhunderts hinaus vor allem Truppenstationierungen, die für eine rasche Ausweitung der Sexmärkte sorgten.

Die jüngere Geschichte zeigte einmal mehr die Bereitschaft von Staaten und Gesellschaften, die weibliche Versklavung zu tolerieren. Das bekannteste Beispiel für die vollkommene Entrechtung von Frauen sind die sogenannten *Comfort Women*, Koreanerinnen, Chinesinnen oder Holländerinnen, die von den Japanern vor und im Zweiten Weltkrieg gefangengenommen und gezwungen wurden, Soldaten als Sexsklavinnen zu dienen.

Gewissermaßen als Wiedereinführung der chinesischen Feudalsitten setzten die japanischen Militärbefehlshaber zwischen 1932 und 1945 ein Programm in die Tat um, bei dem Frauen in den besetzten Ländern – angeblich auf freiwilliger Basis – kollektiv versklavt wurden. Einige Überlebende kämpfen noch heute um die Anerkennung des ihnen zugefügten Unrechts. Erst in jüngster Zeit hat ein japanisches Gericht den Staat zur Entschädigung von Opfern verurteilt.

Gerechtfertigt wurde diese sexuelle Versklavung durch das Militär als Strategie zur Verhinderung von

Massenvergewaltigungen, die bei der Bevölkerung der besetzten Länder heftige Reaktionen hervorgerufen hätten.[20] Wie schon von Demleitner ganz allgemein hervorgehoben, haben weder das Nürnberger Kriegsverbrechertribunal noch entsprechende asiatische Gerichtshöfe Zwangsprostitution als Kriegsverbrechen im eigentlichen Sinn gebrandmarkt.[21] Obwohl nach der Genfer Konvention als Kriegsverbrechen geächtet, ist der Status von sexuellen Übergriffen in den internationalen Abkommen noch nicht genau definiert. Einen großen Schritt nach vorn brachte immerhin 1988 die Einrichtung des Internationalen Strafgerichts, das die Zwangsprostitution als Verbrechen gegen die Menschlichkeit eingestuft hat.

Mit der Stationierung von Truppen verbunden war auch – obgleich in anderer Weise als durch die japanische Besatzung – die Entwicklung der Sexindustrien in Thailand, auf den Philippinen und in Taiwan, Märkten, die einheimische wie ausländische Kunden bedienen.

Nach einem UN-Bericht war schon 1957 die große Abwanderung von Frauen vom Land in die Städte meistens durch den anschließenden Eintritt in die Prostitution motiviert. Mädchen aus armen Regionen wurden von den Eltern oder von Freunden zur sexuellen Vermarktung in die Städte geschickt.[22] Daß in den sechziger und siebziger Jahren die traditionellen Gemeinschaften die Abwanderung von Frauen hinnahmen, spielte eine erhebliche Rolle bei der Entstehung eines Reservoirs an sexuellen Arbeitskräften, die von skrupellosen Unternehmern ausgebeutet wurden.

Nach Einrichtung von fünf US-Militärbasen weitete sich Anfang der sechziger Jahre in Thailand der Markt für käufliche Liebe aus. Berechnungen zufolge verdoppelte sich innerhalb von zehn Jahren bis 1964 die Anzahl der Prostituierten von 200 000 auf 400 000. Für diesen Zuwachs verantwortlich war die Stationierung zahlungskräftiger US-amerikanischer Soldaten.

Daraufhin veränderte sich auch der rechtliche Rahmen der Prostitution. Das thailändische Gesetz von 1960, das das Geschäft mit sexuellen Dienstleistungen kriminalisiert und Huren wie Zuhälter mit Strafen belegt hatte, wurde den neuen Gegebenheiten angepaßt. 1967 erschien ein neues Gesetz zur Regelung des Vergnügungssektors. Jetzt war es Frauen erlaubt, gegen Bezahlung an öffentlichen Orten nicht näher präzisierte »besondere Dienstleistungen« zu erbringen.[23] Im gleichen Jahr erhielten die Kontakte zwischen amerikanischen Soldaten und thailändischen Prostituierten durch das Programm »Rest and Recreation« (R & R) der US-Armee einen offiziellen Charakter: Nach ihm sollten im Vietnamkrieg eingesetzte amerikanische Soldaten die Zeit zwischen ihren Einsätzen in Thailand verbringen.[24]

Solche Abkommen wie das zwischen den USA und Thailand oder anderen Staaten sind in der Tat nichts Besonderes. Sie sind eine noch immer übliche und beliebte Praxis bei der Betreuung der in aller Herren Länder stationierten Soldaten. Die britischen und US-amerikanischen Streitkräfte haben sogar Abkommen zur gesundheitlichen Überwachung der Prostituierten geschlossen, die im Einzugsbereich ihrer Militärbasen arbeiten. So sind die hispanischen Frauen, die für die britischen Streitkräfte in Belize als *Sex Workers* arbeiten, einem System der gesundheitlichen Überwachung unterworfen, und die Amerikaner haben im Rahmen ihres Programms »Rest and Recreation« Verträge mit den Behörden Australiens, Malaysias und Singapurs geschlossen.[25]

Die US-Soldaten, die in Thailand stationiert waren, gaben 1970 einen Großteil ihres Geldes – ungefähr 20 Millionen Dollar – für sexuelle Dienstleistungen aus.[26] Die amerikanische Militärpräsenz förderte so nicht nur die Entstehung von Clubs und Bars, in denen Bekanntschaften für sexuelle Kontakte – vorwiegend mit jungen Mädchen aus ländlichen Regionen – geschlossen werden. Sie sorgte zudem für die Entstehung eines besonderen Typs von Dienstleisterinnen, die der persönlichen Betreuung der Soldaten dienten: zum Essenkochen, zum Waschen und zur Befriedigung sexueller Wünsche. Viele dieser Frauen, die sogar für Nachwuchs sorgten und an die Tradition mietbarer Frauen anknüpften, wurden von den Soldaten nach ihrem Abzug verlassen.

Über die Rolle der amerikanischen Militärkontingente bei der Entwicklung der Prostitution in Südostasien ist viel geschrieben worden – insbesondere über die Sexindustrie in Thailand, Taiwan und auf den Philippinen.[27] Die massive Präsenz von Soldaten – in Taiwan über das Programm »R & R« und auf den Philippinen durch die Militärbasen, die vor wenigen Jahren aufgelöst wurden – hat der Prostitution in beiden Ländern einen wahrhaften Boom beschert. Der Sexmarkt ist dank überdurchschnittlicher Wachstumsraten zu einem strukturellen Bestandteil dieser Volkswirtschaften geworden, weshalb sich die heutigen Regierungen bemühen, ihn teils in die Tourismusindustrie zu integrieren oder durch Kundschaft aus dem regionalen Raum zu beleben.

Nach Abzug der amerikanischen Truppen wurden die Folgen der Ausweitung des Prostitutionsmarktes spürbar. Inzwischen nehmen Männer aller gesellschaftlicher Gruppen und Schichten, vor allem aber thailändische Soldaten, regelmäßig die Angebote von Prostituierten in Anspruch: nach Schätzungen mindestens 45 000 Thailänder täglich. Der Tourismus und Geschäftsreisen tragen mit dazu bei, daß die Nachfrage nach käuflichem Sex in der Region – die dafür inzwischen weltweit bekannt ist – weiterhin auf hohem Niveau bleibt.

Die Charakteristika des globalen Marktes

Zu den Zahlen des illegalen Handels mit Frauen gibt es keine genauen Schätzungen und noch weniger exakte Statistiken oder periodisch durchgeführte Erhebungen. Bislang existieren nicht einmal Standards für gesammelte Informationen, weil eine klare und umfassende Definition des gesellschaftlichen Problems fehlt. Die Zahlen, über die wir auf der Grundlage einer ersten Untersuchung verfügen, sind auf alle Fälle alarmierend. Sie deuten auf ein Massenphänomen hin: So sollen allein in der Europäischen Union zwischen 250 000 und 500 000 ausländische Frauen auf dem Sexmarkt aktiv sein.[28]

In den letzten Jahrzehnten hat der wachsende Waren- und Personenverkehr, der für die globalisierten Märkte so typisch ist, auch in der Prostitution zu großen Veränderungen geführt. So hat Europa an einer auf der ganzen Welt immer deutlicher zutage tretenden Erscheinung teil: an der Vermarktung sexueller Dienstleistungen, die unter sklavereiähnlichen Bedingungen erbracht werden und inzwischen eine weltweite Nachfrage befriedigen. Ob in Dörfern Malaysias, den Städten Japans, den Randbezirken der brasilianischen Megastädte, in den italienischen Provinzen, in China und Kanada – überall sind die Anzeichen unübersehbar, daß die Zwangsprostitution von Frauen auf dem Vormarsch ist.

Aus verschiedenen Gründen – von ihnen wird noch die Rede sein – sind Frauen, Mädchen und Kinder, die sich wie eine Ware vermarkten lassen, in manchen Gesellschaften und Regionen der Erde leichter verfügbar als in anderen – weshalb sich weitverzweigte Händlernetze gebildet haben.

In den letzten Jahren wurden die Sexmärkte in zunehmendem Maße mit Frauen beliefert, die illegal ins Land geschmuggelt wurden und wegen eines fehlenden rechtlichen Status ihren Schleusern und Ausbeutern vollständig ausgeliefert sind. Diese Opfer haben nicht nur in Europa und den entwickelten Ländern, sondern auf der ganzen Welt für eine gewaltige Ausweitung des Angebots an käuflichem Sex gesorgt.

Inzwischen befaßt sich eine ganze Reihe von Veröffentlichungen mit dem Schicksal von Millionen von Frauen, die als Prostituierte ausgebeutet werden. In Europa wie in Asien, in Rußland wie in Japan wird dabei gegen ihre elementarsten Rechte verstoßen. Frauen vollständig zu unterwerfen und sie als Gefangene zu halten, verspricht enorme Gewinne. So schätzt beispielsweise die deutsche Polizei, daß junge Prostituierte aus Rußland ohne Aufenthaltserlaubnis im Monat durchschnittlich um die 13 500 DM einnehmen: Davon gehen etwa 12 600 DM an den Bordellbesitzer. Von den übrigen 900 DM muß das Mädchen seinen Lebensunterhalt (Kost, Logis und Kleidung) bestreiten. Die Ersparnisse betragen dann etwas mehr als 20 DM im Monat.[29]

Im Grenzgebiet zwischen Thailand und Vietnam floriert ein Sexmarkt für Durchreisende. Die Bordelle gehören nicht selten den Familien örtlicher Polizeibeamter. Die vietnamesischen Mädchen arbeiten unter härtesten Bedingungen: Für ihre Verfügbarkeit rund um die Uhr erhalten sie zwischen einem und sechs Prozent ihrer Monatseinnahmen. Der Rest fließt in die Taschen der Bordellbesitzer.[30]

Mehr oder weniger offiziell hat die Sexindustrie das Wachstum der Tourismusbranche in bedeutendem Maße gefördert und ist für immer mehr Länder zu einer besonders wichtigen Devisenquelle geworden. So avancierte in den letzten zwanzig Jahren der Tourismus in Thailand zum führenden Wirtschaftssektor, wobei 70 bis 80 Prozent der nach Asien reisenden Touristen aus reicheren Regionen nach Berechnungen die Dienste der Sexindustrie in Anspruch nehmen.

In den achtziger Jahren verkündete eine Werbeanzeige: »Thailand ist eine extreme Welt, voll von unbegrenzten Möglichkeiten [...], vor allem bei den Mädchen. Bei einer gebuchten Reise durch Thailand ist das erotische Vergnügen im Preis inbegriffen [...] wie man feststellt, ist der Erhalt eines Mädchens so leicht wie

der Kauf einer Schachtel Zigaretten [...]. Kleine Sklavinnen verschaffen dir die Hitze Thailands.«[31]

Ganze Volkswirtschaften Südostasiens profitieren
beträchtlich von einem boomenden Prostitutionssek-
tor:[32] Allein für Thailand beziffern Schätzungen die
jährlichen Umsätze auf Beträge zwischen 22,5 und 27
Milliarden Dollar, das entspricht etwa einem Anteil
von 10 bis 14 Prozent des Bruttoinlandsproduktes.[33]
In anderen Ländern Südostasiens, Afrikas und Südamerikas ist der neuerliche Aufschwung des Sextourismus nicht mehr an Militärbasen gebunden. Er beruht
offenbar vielmehr auf Nachahmungseffekten innerhalb
einer globalisierten Sexindustrie.

Entgegen den üblichen Vorstellungen geraten Frauen
nicht allein durch Armut ins Netz der Prostitution.
Armut ist zwar eine notwendige Vorbedingung, doch
sind für den gesellschaftlichen Absturz vor allem auch
die Kräfte des Marktes verantwortlich. Erst die organisierte Kriminalität macht aus leichtgläubigen Frauen
Prostituierte, die eine konkrete Nachfrage nach Sex
befriedigen. Und erst das weltumspannende Netz der
Verbrecherbanden beliefert die sexuellen Ausbeuter-
betriebe mit immer neuen Opfern.

Vielfältig organisierte Ringe aus Menschenschmugg-
lern und Zuhältern tragen zu einem überreichen Angebot an käuflicher Liebe bei. Die Kanäle des Menschenhandels verbinden ländliche mit städtischen Regionen
und wirtschaftlich schwache mit industrialisierten Ländern. Sie folgen langsam auch den Routen des Sextourismus, um der reisenden Kundschaft mit käuflichen
Frauen entgegenzukommen.

Auch diese Ströme von Menschen haben inzwischen

globale Ausmaße erreicht. Wie erwähnt, kommt hier zur traditionellen westlichen Kundschaft seit kurzem ein Anteil an Touristen aus den reicheren Nachbarregionen hinzu. Bei den neuen Eliten vieler Entwicklungsländer hat bezahlter Sex Hochkonjunktur: Die regionalen Märkte befriedigen die wachsende Nachfrage von immer mehr Geschäftsleuten, die auf Reisen das Nützliche mit dem Angenehmen verbinden.

Die Zahl der Touristen und der Sextourismus haben in den letzten zwei Jahrzehnten exponentiell zugenommen: Auch deshalb, weil sie – nach einem Bericht der UNESCO von 1996 – durch »eine Marktstruktur« gefördert werden, »die auf Massenmedien, Fluggesellschaften, Hotelketten, internationalen Verbindungen und Banken« beruht. Der Sextourismus in ärmere und der Import von »Frischfleisch« in reichere Länder fördern beide eine Prostitution, die den Ausbeutern durch Ausnutzung von Preisgefällen bei sexuellen Dienstleistungen höchste Profite sichern.

In Phnom Penh, der Hauptstadt Kambodschas, werden junge Mädchen von ihren Familien – die über das weitere nicht immer auf dem laufenden sind – für 200 US-Dollar an Kuppler verschachert. Den Besitzern dieser lebenden Ware winken dann enorme Gewinne: Wie 1995 ermittelt, zahlen alte chinesische Geschäftsleute für die Entjungferung eines Mädchens 300 US-Dollar. Und der weitere »Gebrauch« bringt durchschnittlich 20 Dollar pro Kunde.

Die Netzwerke der organisierten Kriminalität

Ein Bericht von Interpol aus dem Jahre 1974[34] nennt fünf wichtige Routen, über die Frauen in die Prostitution verschickt werden. Französische Verbrecherbanden waren federführend an der Verschiebung von Frauen innerhalb der westeuropäischen Länder einerseits und in den ehemaligen Kolonialgebieten Afrikas und Asiens andererseits beteiligt. Eine dritte Route des Menschenhandels verlief in die Staaten des Nahen Ostens, vor allem in den Libanon und nach Kuwait. Zwei wichtige Bezugsquellen für internationale Ringe von Menschenhändlern waren zudem Lateinamerika, das die Mittelmeerländer mit Frauen belieferte, und Südostasien.

Heute haben sich diese Routen verändert. Der Handel mit europäischen Frauen in ärmere Länder ist fast zum Erliegen gekommen. Dagegen hat der Nachschub an Frauen aus Südostasien und Lateinamerika gewaltige Ausmaße angenommen: Im Zeitalter der Globalisierung weiten sich die verschiedenen Zweige des illegalen Handels auf immer neue Regionen der Welt aus.

Obwohl die Verbrecherbanden, die am Handel mit Frauen und an deren sexueller Ausbeutung verdienen, in den verschiedenen Gegenden unterschiedlich organisiert sind, gibt es für das Geschäft eine gemeinsame Regel: Zugewanderte Prostituierte sind besser ausbeutbar als ortsansässige. Der Zustrom fremder Arbeitskraft senkt die Preise und vergrößert das Spektrum

gebotener Leistungen: vom ungeschützten Geschlechtsverkehr, der trotz Aids-Gefahr noch immer stark nach-
gefragt ist, über die Nacht mit einer echten Jungfrau bis
hin zu Extravaganzen oder besonders erniedrigenden
Sexualpraktiken.

Besonders übel ausgebeutet werden eingewanderte
Prostituierte dabei nicht nur in armen Ländern oder
Randbereichen des Gewerbes. Das schmutzige Geschäft, das auf Täuschung und Versklavung der Opfer
beruht, wird nicht nur vom billigen Fünfminutensex
gefördert, der für unter einem Dollar zu haben ist.
Eine Rolle spielt auch die teure monatliche »Anmie-
tung« von Ehefrauen in Australien oder die Dienste der
Unterhalterinnen in den raffinierten japanischen Privatclubs.

Die Versklavung der Opfer ist inzwischen ein unver-
zichtbarer Bestandteil des weltumspannenden Menschenhandels, der gewaltige Kapitalströme in Bewegung setzt und mit modernsten technischen Mitteln betrieben wird. Die lukrativsten Geschäfte blühen entlang
der Handelsrouten, die unter Kontrolle der Mafia in die
hochentwickelten Länder führen: in die Staaten West-
europas, Nordamerikas, Japans und nach Australien.

Beliefert werden diese Märkte noch immer aus dem
traditionellen Reservoir Südostasien. Auf den Philippinen, in der Mekong-Region und in geringerem Maß
auch in Südchina werden jedes Jahr Hunderttausende
von jungen Frauen ihrem sozialen Umfeld entrissen, in
heimische Bordelle verschleppt oder in die westlichen
Sexmärkte ausgeführt.

Die Ausweitung des internationalen Warenverkehrs

förderte die Entstehung krimineller Banden, die in der Lage sind, Wanderungsbewegungen von kurzer oder langer Reichweite zu organisieren: Die schönsten Mädchen gehen in den Export nach Europa, Japan und in die Vereinigten Staaten. Entsprechend ist in den USA der Anteil an asiatischen Frauen, die zur Prostitution gezwungen werden, bemerkenswert angestiegen. Schätzungen zufolge sind Anfang der neunziger Jahre mindestens 100 000 Asiatinnen ins Land eingeschleust worden – davon leben mindestens 70 Prozent faktisch als Gefangene in Bordellen, die unmittelbar von asiatischen Verbrecherbanden kontrolliert werden.[35]

Nach zahlreichen Belegen gibt es in Großstädten wie New York, Los Angeles, Seattle oder San Diego ganze Ketten illegal betriebener Bordelle, in denen Thailänderinnen faktisch als Sklavinnen gehalten werden. Von Landsleuten an die Besitzer verkauft, müssen die Mädchen ihren dreifachen Kaufpreis abarbeiten: zwischen 18 000 und 43 000 Dollar. Diese Schuldenlast verlängert ihre Abhängigkeit von den Bordellbesitzern auf unabsehbare Zeit und zwingt sie zu einem Leben in Gefangenschaft.[36]

Aus Thailand oder von den Philippinen stammen auch die meisten Prostituierten, die in den Nachtlokalen der japanischen Rotlichtviertel arbeiten. Nach neu erhobenen Daten sind in der Sexindustrie Japans mindestens 40 000 Thailänderinnen beschäftigt.[37] Während in den Vereinigten Staaten der Handel mit Frauen und deren Ausbeutung eher innerhalb bestimmter ethnischer *Enklaven* betrieben wird, wird diese Aufgabe in Japan von Ringen übernommen, die direkt von Japanern kontrolliert werden. (Allerdings heiraten immer

mehr der betroffenen Thai-Frauen Japaner und kümmern sich dann ihrerseits um die Ausbeutung von Mädchen.) 1994 ist dieser Zustrom leicht abgeebbt, und
Ausweisungen haben sich gehäuft: Nach Schätzungen
arbeiteten 80 Prozent der in diesem Jahr ausgewiesenen
20 982 Thailänderinnen in der Sexindustrie.

Nach einigen Berechnungen haben thailändische
Prostituierte in Japan 1995 Umsätze von 31 Milliarden
Dollar erwirtschaftet.[38] Während ein Teil der im Sexgeschäft tätigen Filipinas und Thai-Frauen über ein
gültiges Visum – mit dem Vermerk »Arbeiterin in der
Unterhaltungsbranche« – verfügt, hält sich die Mehrheit illegal im Land auf und ist so in besonderem Maße
den Erpressungen der Ausbeuter ausgeliefert.

Ihre Einreise erfolgt gewöhnlich mit Touristenvisa
oder gefälschten malaysischen Pässen, die von einflußreichen Verbrechersyndikaten beschafft werden.[39]
Ständig von Ausweisung bedroht, leben die Mädchen
in einer besonders heiklen Situation: Unversichert müssen sie im Krankheitsfall auf teure Privatmedizin zurückgreifen und sich dabei noch höher verschulden.
Sobald sie in Japan angekommen sind, sitzen sie in
einer Falle: Als Illegale sind sie der Ausbeutung durch
organisierte Verbrecher ausgeliefert, weil sie auf staatlichen Schutz nicht zählen können.

Angeworben worden sind sie im Heimatland von
Vermittlern, die ihnen eine Stellung in Japan als Kellnerin oder Kassiererin in einem Supermarkt versprochen haben. Statt dessen werden sie gegen Summen
zwischen 15 000 und 20 000 Dollar an Händler der
Yakuza, der japanischen organisierten Kriminalität,
weiterverkauft. Die übernimmt dann den Transport

und die Einschleusung nach Japan. Anschließend werden die Mädchen an Bordellbesitzer weitervermittelt, bei denen sie ihre Schulden für die Schleusung abarbeiten müssen. Geldempfänger sind in dem Fall der Vermittler, der sie angeworben hat, und der Besitzer des Lokals, in dem sie arbeiten. Je nach Art des Lokals, der Anzahl der Kunden und der Bezahlung wird die Schuld in unterschiedlichen Zeiträumen getilgt. In günstigeren Fällen in drei bis vier Monaten, im Normalfall allerdings zwischen neun und zwölf Monaten.

Frauen, die sich nicht zur Prostitution zwingen lassen wollen, werden mit Drohungen oder körperlicher Gewalt gefügig gemacht. Die japanischen Vermittler pflegen sich an ihre Abmachungen zu halten – trotzdem gehen viele Mädchen der Polizei gerade dann ins Netz, wenn sie ihre Schulden fast abgearbeitet haben: nach einer Anzeige vom Besitzer ihres Nachtlokals, der an einer freischaffenden Prostituierten kein Interesse hat und sie möglichst rasch durch Neuimport ersetzen will. Nicht selten sind Fälle, in denen die Mädchen betrogen und an andere Bordelle weiterverkauft werden. Dann sitzen sie erneut in der Schuldenfalle.[40]

Das System der Ausbeutung durch Schulden hat sich in Japan in den siebziger Jahren herausgebildet. Beim Aufbau einer Sexindustrie, die auf Zwangsprostitution beruht, haben die Interessen der Yakuza eine bedeutende Rolle gespielt. Daß vermehrt Frauen aus anderen Ländern ins Land geholt wurden, hat aber noch andere Gründe: In Korea, Taiwan, Thailand und auf den Philippinen ist der Sextourismus von Japanern in Mißkredit geraten. Die japanische Kundschaft hat bei der Entstehung des Sextourismus in Südostasien eine wesentliche Rolle gespielt. Ab der Nachkriegszeit besuchten Japaner mit dem wirtschaftlichen Aufschwung als Touristen und Geschäftsleute Bordelle in Südkorea und Taiwan, einer ehemaligen Kolonie, in der Prostituierte Japanisch sprachen. Bei der einheimischen Bevölkerung stieß dieser »sexuelle Kolonialismus« auf Empörung und heftigen Protest. So zogen 1973 koreanische Studentengruppen zum Flughafen von Seoul und demonstrierten mit Plakaten mit der Aufschrift: »Verhindert, daß Japaner unsere Nation in ein Rotlichtviertel verwandeln.«[41] In der Folge ging der Sextourismus nach Südkorea zurück, während der Anteil an ausländischen Prostituierten in den Bordellen Japans zunahm.

Auch in Deutschland werden Thai-Mädchen auf dem Sexmarkt ausgebeutet – mit den gleichen Methoden wie in Japan und anderswo: durch abzuarbeitende Schulden. Die thailändischen Prostituierten in Deutschland erhalten so im Durchschnitt nur 2,5 Prozent des Preises, den die Freier für ihre Dienste bezahlen.[42]

Durch Eheanbahnungsinstitute getarnt, läuft ein Handel mit Frauen aus der Gegend um den Mekong ab: Sie werden so zu den Märkten von Macao und Taiwan geschleust, die die Nachfrage von Sextouristen bedienen. Nach manchen Quellen sollen die Triaden Bürgern aus Hongkong 4000 Dollar für eine Eheschließung mit einer Thailänderin bezahlen, die nach der Heirat sofort verschwindet.[43] In Australien, wo zahlreiche asiatische Prostituierte – vornehmlich Filipinas – arbeiten, ist zugleich ein gut organisierter Markt für – ebenfalls vornehmlich philippinische – Ehefrauen entstanden.

Gut organisiert sind auch die Netzwerke, über die Handel mit Frauen aus der Dominikanischen Republik getrieben wird. Nach Berechnungen arbeiten auf den Weltmärkten der Prostitution mindestens 50 000 dominikanische Mädchen, viele von ihnen unter sklavereiartigen Bedingungen. Auch in diesem Fall kontrollieren organisierte Banden alle Phasen des Geschäftes. Von der Abreise über die Überfahrt bis zur Ankunft am Bestimmungsort und der schließlichen Ausbeutung der Opfer ist alles bis ins Detail durchorganisiert. Dabei wechseln die trickreichen Methoden je nach den augenblicklich geltenden Gesetzen am Zielort und in den Transitländern.

Bei der Verschickung eines Mädchens aus der Dominikanischen Republik nach Europa bleibt nichts dem Zufall überlassen. Ein solches Unternehmen ist eine konzertierte Aktion, an der nicht selten auch die Familie und der Freundeskreis (manchmal mit der Beschaffung des Geldes für die Reise) beteiligt sind – neben den Fälschern, die Papiere beschaffen, den beteiligten Reisebüros und den kriminellen Banden, die den Einsatz der Mädchen am Bestimmungsort festlegen.[44]

Der Handel mit Frauen aus Südostasien und Lateinamerika ist in den siebziger Jahren entstanden. Dagegen sind im letzten Jahrzehnt Regionen, die zuvor abseits der Schleuserrouten lagen, zu einem Tummelplatz für Verbrecherbanden geworden, die Frauen und Mädchen durch Täuschung und mit Gewalt zur Prostitution zwingen. Nach Schätzungen der Europäischen Union stammen die in die EU eingeschleusten Frauen zu zwei Dritteln aus Osteuropa und zu einem Drittel aus Entwicklungsländern.[45]

Westeuropa, Japan, die USA, Kanada und Australien sind klassische Herkunftsländer von Sextouristen und zugleich typische Bestimmungsländer für eingeschleuste Frauen, die zur Prostitution gezwungen werden. Und während der Sexmarkt in den modernen Industrienationen mit Frauen aus fernen Ländern beliefert wird, arbeiten die Märkte in den Entwicklungsländern mit Ausländerinnen aus den unmittelbaren Nachbarregionen.

Beliebte Standorte für den Menschenhandel und die sexuelle Ausbeutung von Frauen sind neuerdings Grenzregionen. Während die globalen Mädchenhändler- und Schleuserringe von demographischen und gesellschaftlichen Phänomenen unabhängig agieren können, machen sich die Akteure, die in Grenzregionen Tausende von Frauen zur Prostitution zwingen, bereits fließende Bevölkerungsströme zunutze.

Schwerpunkt dieser kriminellen Aktivitäten sind Gebiete, die sich in einem gesellschaftlichen und politischen Umbruch befinden. Im Schatten der intensivierten »legalen« Wirtschaftsbeziehungen zwischen den betreffenden Nachbarländern beginnt das Rotlichtgewerbe zu boomen. So hat sich in den vier Jahren nach 1988, als Myanmar und Thailand wirtschaftliche Beziehungen aufnahmen, dort die Anzahl der Bordelle verdreifacht.[46] Nationen wie Thailand, Taiwan und Südkorea sind für eine wachsende Anzahl angrenzender Staaten zum Absatzmarkt für angehende Prostituierte geworden: so für Kambodscha, Vietnam, China, Indonesien und Myanmar. Und Kambodscha ist seinerseits ein Aufnahmeland für vietnamesische Prostituierte geworden.

Nahm der Markt in den siebziger Jahren Mädchen aus den ärmeren Provinzen Thailands auf, so begannen »in den achtziger Jahren lokale und ausländische Vermittler damit, die Anwerbung von jungen Frauen und den Handel mit ihnen zur Industrie, zu einem systematisch betriebenen Geschäft auszubauen«.[47] Dieser Quelle zufolge nahm in diesen Jahren die Praxis, Mädchen mit falschen Versprechungen – einer Stelle als Kellnerin oder Haushaltshilfe – in die Prostitution zu zwingen, ihren Anfang.

In den neunziger Jahren wurde das Betrugsszenario abgewandelt: »Die Geschichten von Mädchen, die entführt oder betrogen und anschließend zur Prostitution gezwungen wurden, erreichten allmählich auch ländliche Regionen. Verbreitet werden sie von Frauen, die in Japan oder anderswo ihrer Zwangsprostitution entfliehen konnten, oder von sozialen Organisationen [...]. Das Zentrum des Menschenhandels verlagert sich jetzt folglich zu den ethnischen Minderheiten in der Region, vor allem den Bergstämmen im Norden von Thailand, in Kambodscha, Myanmar, Laos und China.« Nach einer neueren staatlichen Untersuchung beläuft sich der Anteil an ausländischen Prostituierten in Thailand inzwischen auf 16 Prozent.[48] Wie sich zudem herausstellte, wurden zwischen 1990 und 1997 80000 Frauen und Kinder zwischen Myanmar und Thailand zur sexuellen Ausbeutung über die Grenze geschmuggelt.[49] Nach Berechnungen von Human Rights Watch sind allein 1993 zwischen 20000 und 30000 birmanische Frauen nach Thailand eingeschleust worden, wo sie als illegale Prostituierte arbeiteten.[50] Daß Frauen und Kinder in Nachbarregionen verschoben und dort sexuell ausgebeutet werden, ist für Myanmar eine relativ neue Erscheinung – ebenso für das chinesische Yunnan, für Kambodscha und für Laos. Diese Art Menschenhandel, der sich im Schatten bestehender wirtschaftlicher Beziehungen entwickelt, floriert in Asien, Osteuropa, Lateinamerika und Afrika. Es gibt ihn überall dort, wo die Prostitution boomt, weil zunehmender Wohlstand oder wachsende Touristenzahlen die Inlandsnachfrage kräftig beleben. So hat beispielsweise in Kenia, wo eine bedeutende Tourismusindustrie entstanden ist, der Handel mit ugandischen und indischen Frauen Hochkonjunktur: Sie werden als Musikerinnen ins Land geholt und zur Prostitution gezwungen.[51]

Dagegen werden in Ländern mit großen regionalen Wohlstandsgefällen nicht Ausländerinnen, sondern inländische Frauen zur Handelsware degradiert. Die nationalen Vertriebsnetze haben zuweilen gigantische Ausmaße erreicht, und die Vermarktung der Sexualität fördern dabei weniger soziale Mißstände und wirtschaftliche Nöte als vielmehr die Kräfte des Marktes.

Die erschreckendsten Ausmaße hat die Prostitution in großen Ländern wie Indien, China oder Rußland angenommen, wo das Wirtschaftswachstum in der zweiten Hälfte der achtziger Jahre den Kundenkreis erweitert und die inländische Nachfrage nach käuflichem Sex vervielfacht hat. Im heutigen Rußland haben zudem laxe Kontrollen und die wuchernde Korruption der Polizei zur raschen Entstehung einer Sexindustrie beigetragen, die auf der Versklavung von Zigtausenden von Frauen beruht.

Dagegen basiert in Indien die ausufernde Praxis,

Frauen zu verkaufen und wirtschaftlich auszubeuten, auf den traditionellen Strukturen der Unterdrückung.[52] So boomt in den Rotlichtvierteln Kalkuttas, wo mindestens 20 000 Frauen täglich 60 000 bis 80 000 Freier bedienen, seit langem eine Wirtschaft, die auf der sexuellen Ausbeutung von Frauen basiert.

In diesem Milieu arbeiten gierige Hausbesitzer, Zuhälter, Stammkunden, korrupte Polizisten, Menschenhändler und Wucherer zusammen. Zur Belieferung der Bordelle mit »Frischfleisch« haben sich ganze Vertriebsnetze mit unterschiedlichem Einzugsgebiet gebildet. Ende der achtziger Jahre kostete ein sechzehnjähriges Mädchen, das mindestens drei Jahre lang 250 Tage im Jahr bis zu zehn Kunden täglich abfertigte, den Bordellbesitzer nicht einmal 700 Dollar. Seither sind die Preise fast konstant geblieben: Nach einer neueren Schätzung werden für ein junges Mädchen gerade einmal zwischen 500 und 1300 Dollar verlangt.[53]

Das Geschäft ist auf drei unterschiedlichen Ebenen organisiert. Neben den freischaffenden Prostituierten, die stunden- oder monatsweise ein Haus mieten und sich die Arbeit selbst einteilen, gibt es im Gewerbe zwei verschiedene Formen der Ausbeutung. Bei dem *Aadhiya* genannten System liefern die Frauen die Hälfte ihrer Einnahmen an einen »Beschützer« oder eine »Beschützerin« ab, die für die äußeren Abläufe zuständig ist. Dagegen ist *Chukri* ein System der Schuldknechtschaft, bei dem die Frauen der strengen Überwachung ihrer Beschützer unterstehen, die bis zur Tilgung ihrer Schuld sämtliche Einkünfte einkassieren. Die Frauen sitzen in der Schuldenfalle, da sie neben dem Kaufpreis, den der Händler oder Verwandte ein-

gestrichen haben, auch noch für ihr Essen, ihre Unterkunft und ihre Kleidung aufkommen und Schutzgelder
an Polizisten zahlen müssen. Und für alle Darlehen
werden Wucherzinsen verlangt.

Die zurückgezahlten Beträge belaufen sich im allgemeinen auf das Doppelte der geliehenen Summen. Bis
die Schuld endlich getilgt ist, sind die Frauen zumeist
schon so alt, daß sich Zuhälter und Freier für sie nicht
mehr interessieren.

Während es in manchen Regionen akzeptiert wird,
daß Mädchen durch Prostitution zum Familienunterhalt beitragen, ist in Indien noch immer die Sitte verbreitet, Mädchen zu entführen oder nach einem Betrug
in eine Region fernab ihres Heimatdorfes zu verkaufen:
Mädchen aus Nordindien landen in einem südlichen
Bundesstaat und umgekehrt.

Die wirtschaftliche Öffnung hat auch in China eine
Sexindustrie aufkeimen lassen. 1950, ein Jahr nach
Gründung der Volksrepublik China, war die Überlas-
sung und der Verkauf von Frauen und Kindern gesetzlich verboten worden. Um das gesellschaftliche Stigma
von Prostituierten und *Mui Zai,* Mädchen, die als Die-
nerinnen verkauft werden, auszumerzen, führte das
Regime eine große propagandistisch gestützte Rehabi-
litierungskampagne durch.[54] 1989 wurde eine weitere
Kampagne notwendig, die sich diesmal »gegen die sechs
Teufel« richtete. Bekämpft wurden darin die Ungleich-
behandlung zwischen den Geschlechtern, die Prostitution und der Verkauf von Frauen.

Im heutigen China taucht offenbar ein uraltes gesellschaftliches Problem wieder auf. Nicht nur zur Dek-
kung der Nachfrage an Prostituierten werden heute in

den zentralen Provinzen Chinas Frauen und Kinder
entführt, die dann in entlegenen Regionen an heirats-
willige oder nach Arbeitskräften suchende Bauern verkauft werden. Allein 1990 sind nach einem Bericht des
Obersten Gerichtshofs der Volksrepublik China 14 385
»Entführer« verurteilt worden. In der Provinz Shan-
dung sind auf diese Weise 14 000 Frauen und 8200 Kinder verschwunden. Die zahlreichen Todesurteile gegen
Menschenhändler haben diese Entwicklung, die erst
jetzt richtig in Gang gekommen ist, keineswegs aufge-
halten.

Verschwunden geglaubte Formen der Sklaverei tauchen auch in Vietnam wieder auf, wo sich kriminelle
Banden um das in- und ausländische Geschäft mit Prostituierten kümmern. Nach dem Vietnamkrieg war es
dank intensiver staatlicher Programme gelungen, ehemalige, für die Armee tätige Huren wieder in die Gesellschaft einzugliedern und den Sexmarkt in Vietnam
binnen weniger Jahre vollständig auszutrocknen.

Inzwischen mehren sich die Anzeichen dafür, daß
Vietnam erneut zu einem Markt für Prostitution und
zur Drehscheibe für den internationalen Mädchenhandel wird. Sex mit Vietnamesinnen steht bei Geschäftsleuten aus Taiwan und Malaysia hoch im Kurs. Mädchen aus entlegenen Regionen Nordvietnams werden
nach China verkauft und dort als Ehefrauen »genutzt«,
während Vietnamesinnen aus dem Süden entführt und
in Kambodscha zur Prostitution gezwungen werden.
Die Entwicklung ist unübersehbar geworden: 40 Prozent der etwa 10 000 Minderjährigen, die von kambo-
dschanischen Banden sexuell ausgebeutet werden,
stammen aus Vietnam.[55]

Wie erwähnt, beruht das Geschäft mit der sexuellen Versklavung überall auf dem stillschweigenden Zusammenwirken verschiedener Akteure: Bordellbesitzer, Schleuser und Vermittler, Prostituierte, Freier und Polizeibeamte. Noch stärker in das übergeordnete soziale und institutionelle System eingebunden sind die besser sichtbaren, legalen oder halblegalen Formen der Prostitution: Sie leben von der Toleranz der zuständigen Polizeikräfte.

In Entwicklungsländern und ganz allgemein dort, wo Polizeibeamte unzulänglich ausgebildet oder unangemessen entlohnt werden, ist die Praxis, von Bordellbesitzern Schutzgelder zu verlangen, weit verbreitet. In einigen Regionen Asiens sind Fälle aufgedeckt worden, bei denen sich Beamte von Polizei und Grenzschutz am Handel und der Ausbeutung von Mädchen und Kindern beteiligt haben.[56]

Aber auch in europäischen Ländern und in den Vereinigten Staaten fehlt es nicht an Beispielen für die polizeiliche »Duldung« von illegalen Bordellen, Spielhöllen und ähnlichen Betrieben.

Wie bereits hervorgehoben, durchlaufen die internationalen Sexmärkte augenblicklich einen Prozeß der zunehmenden Verflechtung. Angebot und Nachfrage steigen nach Maßgabe der zu erwartenden Gewinne, denen anders als bei anderen kriminellen Machenschaften (Drogen- oder illegalen Waffengeschäften) relativ geringe Kosten und Risiken gegenüberstehen. Die Maßnahmen gegen den Menschenhandel sind unzulänglich, die Strafen – in Europa, Australien, Asien und Amerika – fallen gewöhnlich relativ mild aus, die Gesetze werden selten angewandt, und die internationale

Zusammenarbeit der Polizei steckt noch in den Kinderschuhen.

In manchen Fällen sind die Händlerringe straff organisiert und gebärden sich als kriminelle Oligarchien, die eine Stadt oder ein ganzes Land mit Prostituierten versorgen. Dabei arbeiten sie mit anderen machmal zusammen und treten dann wieder zu ihnen in Konkurrenz. In weiteren Fällen bestehen die kriminellen Netzwerke aus Personen, die ihre Aktivitäten auf verschiedene Bereiche verteilen. Ein interessanter Fall ist Kuba, wo die Ausweitung der Prostitution von Mädchen und Frauen nicht automatisch in eine echte Sexindustrie mit einem organisierten Menschenhandel mündet. Auf dem Vormarsch ist hier vielmehr eine hausgemachte, unorganisierte und eher spontan betriebene Prostitution, die vor allem von den wachsenden Touristenzahlen gefördert wird.

In Asien verlangt der Einstieg in den Frauenhandel eher geringe Investitionen und keine besonderen kriminellen Erfahrungen. Die Frauen werden nicht immer innerhalb engmaschiger krimineller Netzwerke angeworben. Mehrfach erwähnt wurden bereits die informellen Netze, an denen auch Freunde und Verwandte teilhaben.

Dies entlastet allerdings nicht die Drahtzieher dieses schmutzigen Geschäfts. Die Mädchen, die einem solchen Deal zum Opfer fallen, werden nicht unmittelbar von den Verwandten an Bordellbesitzer verkauft. Diese Aufgabe übernehmen vielmehr Vermittler, die von der Transaktion am stärksten profitieren. So tauchen in Nepal in wirtschaftlich problematischen Zeiten regelmäßig Agenten auf, die notleidenden Familien für

Spottpreise – zuweilen unter zehn Dollar – ein Mädchen abkaufen. Jenseits der indischen Grenze, bei den Großhändlern des »Fleischmarktes«, bringen die Opfer schon zwischen 20 und 230 Dollar. Und der Preis am Ende der gesamten Verteilerkette schwankt – je nach Alter und Schönheit – zwischen 500 und 1600 Dollar.[57]

Der Menschenhandel ist in verschiedenen Ländern unterschiedlich organisiert. So sind in Vietnam eigens Agenturen damit befaßt, neue Mädchen für die Bordelle der Städte aufzuspüren.[58] Dagegen liegt in Kambodscha der Handel mit Prostituierten direkt in den Händen der Bordellbesitzer, die ihre Ware über Agenten austauschen und Vermittler beauftragen, in ländlichen Gebiete nach »Frischfleisch« zu suchen.

Mit der Überredung der Frauen befassen sich professionelle Vermittler, die sogenannten *Meebon* (der Name steht auch für Bordellinhaber), *Neak noam* oder *Meekcol*. Diese arbeiten für verschiedene Auftraggeber. »Sie geben sich als Freundinnen, verkaufen dann aber ihre Freunde. Sie versprechen den Mädchen, sie könnten als Verkäuferinnen oder als Bedienung arbeiten [...], und nehmen nur solche mit sechzehn oder siebzehn Jahren.«[59] Wie ein *Meebon* berichtete: »*Meebon*, die junge Prostituierte anwerben, sind häufig Frauen. Sie versprechen den Mädchen, sie würden zum Arbeiten nach Thailand gebracht. Bei der Ankunft werden sie dann aber an einen thailändischen *Meebon* weiterverkauft, der für jedes Mädchen 5000 Bath (1 DM war Anfang 2000 ca. 18 Bath wert) bezahlt. Das Mädchen muß solange arbeiten, bis es das Doppelte seines Einkaufspreises abbezahlt hat. Dann verkauft der *Meebon* es an einen Dritten. Auf diese Art werden

die Mädchen von einem *Meebon* zum nächsten weitergereicht.«

Von der örtlichen Polizei gedeckt, schleusen Vermittler die attraktivsten Mädchen ins Ausland. Durch
den grenzüberschreitenden Handel steigt die Wert-
schöpfung der Transaktion gewaltig. Allerdings steigen auch die Investitionen. Benötigt werden geeignete
Transportmittel, Schutzgelder und Beziehungen zu
Grenzbeamten. Nach offiziellen Quellen sind vom
Menschenhandel zwischen Kambodscha und Thailand
vor allem dreizehnjährige Mädchen betroffen, die auf
den internationalen Märkten und in Thailand hohe
Gewinne bringen. In Thailand werden sie zum Teil für
20 000 Bath die Woche »vermietet«. Dank verstärkter
behördlicher Kontrollen sind Minderjährige in thailändischen Bordellen jetzt seltener vertreten. Die *Meebon*
wollen keine unnötigen Risiken eingehen und expor-
tieren die jüngeren Prostituierten deshalb nach Hongkong, Singapur oder Europa.

Die Mechanismen, nach denen der Menschenhandel
abläuft, werden mit der Höhe der Investitionen komplexer. Im Falle Japans haben die Mafiabanden der
Yakuza am Handel mit Frauen und Mädchen eher
einen geringeren Anteil, während sie bei deren Überwachung und Ausbeutung die Hauptrolle spielen. Der
Grund liegt in der unterschiedlichen Bilanz bei den
Risiken und dem Nutzen. Da die Banden das Terrain
engmaschig kontrollieren, können sie ihre – ständigen
Todesdrohungen ausgelieferten – »Schutzbefohlenen«
bis aufs letzte ausbeuten.[60] Dagegen teilen sie sich beim
internationalen Handel diesen Markt mit organisierten
Banden aus den Herkunftsländern der Opfer auf. Die

Triaden Hongkongs und die Russenmafia spielen bei der Einschleusung der thailändischen, russischen und philippinischen Frauen und Mädchen nach Japan eine bedeutende Rolle.

Manche dieser mafiösen Gruppen gehen besonders raffiniert vor und nutzen die legalen und spontanen Ströme einwandernder Frauen, um die Schleusung dieser Sklavinnen zu tarnen. Eine vor kurzem zerschlagene Organisation hat in Spanien und Portugal einen schwunghaften Handel mit versklavten Frauen aus zahlreichen Herkunftsländern betrieben: aus Brasilien, Kolumbien, der Dominikanischen Republik, Marokko, Algerien, Peru und der Tschechischen Republik.[61]

Auch die Art der Überwachung der Opfer und das Auftreten der Mafiabanden ändern sich je nach Umfeld. So nutzen asiatische Bordellbesitzer ihre Beziehungen innerhalb fester »Zirkel« und halten die Opfer unter strenger Aufsicht. Die Mädchen wohnen in unmittelbarer Nachbarschaft oder direkt im Bordell und werden außerhalb der Arbeitszeit keine Sekunde aus den Augen gelassen. Da ihre Überwachung über einen formellen und informellen Apparat erfolgt, müssen die kriminellen Banden selbst nicht in Erscheinung treten. So können sie ihre Aktivitäten auf die Beschaffung neuer »Ware« konzentrieren.

Komplexer ist die Beteiligung organisierter Banden bei der sexuellen Versklavung von Frauen in Europa. Wegen der effizienter arbeitenden Polizeibehörden und der sensibleren Öffentlichkeit agieren die kriminellen Banden im Gewerbe lieber im verborgenen. Außerdem fehlt ein flächendeckendes Netz der Korruption, das den Menschenhändlern Straffreiheit garantiert.

Der Sexmarkt ist zersplittert. Die ausgebeuteten Frauen werden von halb selbständig arbeitenden Händlern, die mit mächtigeren professionellen Verbrechern mit Stützpunkten in den Herkunftsländern zusammenarbeiten, ins Land eingeschleust.[62] Allerdings gelingt es der europäischen organisierten Kriminalität, ihren Aktionsradius bis zum »Endverbraucher« hin auszudehnen. Während im Osten die letztliche »Verwertung« der Opfer in den Händen zahlreicher Akteure liegt, wird sie in Europa fast ausschließlich von den Mitgliedern krimineller Banden kontrolliert. Nach manchen Quellen unterstehen Bordellbetriebe in Deutschland, die von Deutschen geleitet werden, in Wahrheit der finanziellen Kontrolle von Mafiagruppen aus der Türkei, Rußland oder Exjugoslawien.[63] Organisationen, die den Menschenhandel in Europa und anderswo bekämpfen, gehen davon aus, daß die hier agierenden Banden auch im Drogen- und Schmugglergeschäft aktiv sind.[64]

Die europäischen Märkte und das Beispiel Italien

Als sich Anfang der siebziger Jahre Kathleen Barry mit dem Phänomen der Prostitution befaßte, hat sie das Verhältnis zwischen Ausgebeuteten und Ausbeutern beleuchtet und stieß dabei auf echte Formen der Sklaverei.[65] Ihr Beitrag hat gezeigt, daß in der Welt der Prostitution die Grenzen zwischen Sklaverei, Zwangsarbeit und selbständiger Arbeit von jeher fließend waren. Auch heute »stimmen einzelne und Gruppen, die sich auf internationaler Ebene mit den Problemen der Prostitution befaßt haben, unabhängig vom eingenommenen Standpunkt darin überein, daß Prostituierte als die am intensivsten ausgebeutete Gruppe von Frauen betrachtet werden müssen«.[66]

Heutzutage wird davon ausgegangen, daß das Recht, sich selbst zu prostituieren, Teil der Privatsphäre des Menschen ist. In einer neueren Studie des Internationalen Arbeitsamtes heißt es, »der Einstieg in die Prostitution erfolgt bei einigen Personen aus freien Stücken oder um ihr Recht auf sexuelle Befreiung geltend zu machen, bei anderen aufgrund wirtschaftlicher Zwänge oder mangels echter Alternativen. Andere werden durch Betrug, Gewalt oder Schuldknechtschaft dazu gezwungen.«[67]

Als frei gewählt gilt die Prostitution allerdings nur bei einer kleinen Minderheit der Frauen oder Männer, die sexuelle Dienstleistungen verkaufen. Bei Kindern oder Minderjährigen wird jedenfalls niemals von Freiwilligkeit ausgegangen.

In den letzten fünfzig Jahren wurde auf internationaler Ebene versucht, die Ausbeutung von Prostituierten zu bekämpfen. Diese Anstrengungen haben allerdings nur beschränkt zu Ergebnissen geführt.

Nach dem Zweiten Weltkrieg wurde in Europa schrittweise eine Konvention umgesetzt, die 1949 von 66 Ländern der Vereinten Nationen unterschrieben worden war. Nach ihr gilt die Prostitution als legal, aber die Verleitung zu ihr und ihre wirtschaftliche Nutzung als illegal. Bordellbetriebe wurden mit einem

Bann belegt. Der Konvention fehlte freilich ein Kontrollmechanismus, der dafür gesorgt hätte, daß sie in den fünfziger Jahren auch überall einheitlich in nationales Recht umgesetzt worden wäre.

Die Gesetze, die die Prostitution als solche legalisieren und den Verkauf des eigenen Körpers ermöglichen, sind sehr oft unklar formuliert. So haben sich einige europäische Staaten wie Deutschland, die Niederlande und Österreich dafür entschieden, die Prostitution durch staatliche Eingriffe weiterhin so zu reglementieren, daß die Gesundheitsrisiken für die Kunden möglichst gering bleiben. Registrierte Huren müssen sich regelmäßig gesundheitlich untersuchen lassen und können ihr Gewerbe an geeigneten Örtlichkeiten ausüben.

Trotzdem bietet der institutionelle Rahmen, in dem sexuelle Dienstleistungen verkauft werden, den »Gewerbetreibenden« keinen ausreichenden rechtlichen Schutz. Durch die Legalisierung ist es nur in kleinsten Bereichen gelungen, die traditionellen Mechanismen der Ausbeutung von Prostituierten zu durchbrechen. Die Bedingungen, unter denen sie ihr Gewerbe in Bars, Nachtlokalen, Massagesalons oder Privatclubs ausüben, erinnern noch immer an Sklaverei – unabhängig davon, ob ihre Tätigkeit legal oder illegal ausgeübt wird. Freischaffende Prostituierte, die selbstbestimmt arbeiten und selbst entscheiden, wie lange sie im Gewerbe bleiben, sind in Asien wie in Europa noch immer die große Ausnahme.

Nach wie vor ist dieser Markt weitgehend durch kriminelle Machenschaften und die Versklavung der Opfer geprägt. Das Verhältnis zwischen Zuhältern und Prostituierten ist noch immer nicht als gewöhnliche wirtschaftliche Beziehung mit frei aushandelbaren Bedingungen klassifizierbar. Es ist vielmehr eine persönliche Beziehung, die zu großen Teilen auf Angst und einer seelischen und materiellen Abhängigkeit beruht. Im Sexgeschäft basieren die Arbeitsverhältnisse noch immer vorwiegend auf außerökonomischen Zwängen.

Junge und selbstbewußte Frauen, die aus freien Stücken eine Zeitlang als Prostituierte arbeiten und sich nach eigener Entscheidung aus dem Geschäft zurückziehen, wenn sie genug Geld beiseite gelegt haben, sind nach wie vor sehr selten. Die Gestalt der »Schönen der Nacht«, die aus Langeweile oder zur Befriedigung von Luxusbedürfnissen Freier bedient, existiert nur in der Phantasie von Wirtschaftswissenschaftlern, die von den gesellschaftlichen und kulturellen Rahmenbedingungen des Marktes keine Ahnung haben. Wie eine Fülle von Studien und Anklagen belegt, ist die Wirklichkeit sehr ernüchternd und besorgniserregend.

In den siebziger Jahren haben sich zunächst in Frankreich, dann im übrigen Europa, in Nordamerika und im Rest der Welt militante Bewegungen von Prostituierten formiert.[68] Die entstandenen Verbände von *Sex Workers* können nur auf beschränkte Erfolge verweisen, und ihre Repräsentativität ist eher dürftig.

Leider hat sich auf der ganzen Welt eine Entwicklung durchgesetzt, die genau in die gegenteilige Richtung weist. Immer mehr Frauen fallen einer Versklavung zum Opfer, die dazu dient, die Bedürfnisse und Perversionen anderer zu befriedigen und Ausbeuter zu bereichern, die über die Mittel verfügen, ihren Willen zu brechen. Die sexuelle Sklaverei ist auf dem Vormarsch und bildet inzwischen eine der bedeutendsten Menschenrechtsverletzungen.

Auch in Italien tritt auf dem Sexmarkt die Zwangsprostitution immer deutlicher in Erscheinung. Viele der betroffenen Frauen – sie sind gewöhnlich slawischer, albanischer oder afrikanischer Herkunft –, die an Fernstraßen oder auf Bürgersteigen auf Freier warten, gehen dem Gewerbe unter sklavereiähnlichen Bedingungen nach. In Italien gehören diese Frauen inzwischen zum alltäglichen Bild. Wer im Auto durch das Land fährt, sieht zwangsläufig Frauen, die sich im Winter an offenen Feuern wärmen und im Sommer auf Matratzen oder unter Sonnenschirmen kauernd auf Kunden warten. Nur wenige kennen ihre Lebensbedingungen oder interessieren sich für sie.

In Italien ist von der sexuellen Versklavung von Frauen erst seit kurzem die Rede. Erst jetzt wird sexuelle Ausbeutung als eine Verletzung von Menschenrechten wahrgenommen. Neuerdings haben sich Studien mit den Veränderungen auf dem Prostitutionsmarkt befaßt, zunächst vor allem mit den veränderten Herkunftsregionen der Prostituierten.

In den letzten Jahren sind italienische Frauen vom Straßenstrich offenbar verschwunden: Sie arbeiten inzwischen in Apartments, höher bezahlt und relativ selbständig. Gleichzeitig hat der Anteil an Ausländerinnen, die auf dem Straßenstrich ausgebeutet werden, deutlich zugenommen. Nach einer Schätzung von 1996 sollen es zwischen 18 800 und 25 100 Frauen sein. Die meisten von ihnen stammen aus Osteuropa und vor allem aus den Krisenregionen Exjugoslawiens und Albaniens. Neben den Frauen aus Bosnien, Serbien, Kroatien und Albanien arbeiten dort auch Mädchen aus Rußland, Litauen, Bulgarien und Mazedonien, aber auch viele Afrikanerinnen. Zwischen 1400 und 2200 von ihnen werden nach den Schätzungen von 1996 von kriminellen Banden ausgebeutet.[69] Achtzig Prozent schaffen auf dem Straßenstrich an. Von einer anderen Art Zwangsprostitution, die in Nachtlokalen praktiziert wird, sind dagegen vornehmlich asiatische und lateinamerikanische Mädchen betroffen.

Nach Interviews mit Sozialhelfern und Betroffenen sind die meisten von ihnen erst in Italien in die Prostitution geraten, und der Einstieg ins Geschäft erfolgte auf traumatische Weise.

Häufig bildet die Ankunft auf der Apenninhalbinsel den entscheidenden Augenblick in den Abmachungen mit den kriminellen Banden, die in den Heimatländern der Mädchen operieren. Ihre Versklavung folgt dabei einer paradoxen Logik: Je mehr sie im Heimatland an Vermittler bezahlen, die ihnen sichere und lukrative Stellungen versprechen, desto härter ist anschließend ihr Los. Rasch zeigen sich die angeblichen Beschützer als skrupellose Ausbeuter, denen sie vollständig ausgeliefert sind. Ob sie in Nachtlokalen strippen oder auf dem Straßenstrich Freier bedienen müssen, es steht ihnen jedenfalls eine bittere Realität bevor: unmenschliche Arbeitsbedingungen, Disziplinierungen durch ihre Ausbeuter, Drohungen, Erpressungen und Mißhandlungen.

Besonders aufschlußreich ist der Fall der nigerianischen Mädchen.[70] Nach einer Untersuchung in Rom erleben Frauen aus Nigeria und ganz allgemein aus Afrika die übelsten Situationen in den Randbereichen des Marktes, in denen sie an gefährlichsten Orten die erniedrigendsten Sexpraktiken über sich ergehen lassen müssen.[71] Der erste Schritt in die Sklaverei ist der Kauf eines provisorischen Visums für zwei Wochen in Italien, das in Nigeria für vier bis fünf Millionen Lire zu haben ist. Als Vermittler treten korrupte Makler mit besonderen Beziehungen zu den Behörden auf. In Italien werden die Mädchen, die ihre Heimat wegen wirtschaftlicher Schwierigkeiten – oft von der Familie gedrängt – verlassen haben, dann von gut organisierten Banden zum Bleiben in Italien gedrängt.

Manche werden als Haushaltshilfen oder Aushilfen in italienischen Gaststätten angeworben.[72] Viele werden zwar aufgeklärt, daß die Arbeit in Italien Prostitution mit einschließt, wobei allerdings regelmäßig verschwiegen wird, daß sie dort ein Leben als Gefangene führen.

So sind die Mädchen auch nicht darauf gefaßt, daß sie auf dem Straßenstrich arbeiten müssen: In Nigeria wird das Gewerbe ausschließlich in geschlossenen Räumen betrieben. Unabhängig von den jeweiligen Erwartungen: Sind die Frauen und Mädchen in Italien eingetroffen, müssen sie sich genau festgelegten Arbeitsrhythmen mit strengen Regeln unterwerfen. Ohne Geld für den Rückflug, ohne gültige Aufenthaltserlaubnis und hoch verschuldet, sind sie ihren anspruchsvollen Ausbeutern vollständig ausgeliefert.

Für die Reise, die Unterkunft in Italien und die Vermittlung werden exorbitante Summen von 70 bis

75 Millionen Lire verlangt. Dazu kommen Zinsen und gegebenenfalls Bußgelder wegen »Verstößen gegen die Disziplin«. Die steigende Schuldenlast verlängert die Dauer der Skaverei auf unabsehbare Zeit. Sogar Frauen, die bei der Ankunft mit »nur« zehn bis 15 Millionen Lire verschuldet waren, benötigen zur Tilgung bisweilen über vier Jahre.[73]

Nach Untersuchungen der International Organisation for Migration (IOM) und der Universität Florenz spielt in diesem Netz der Ausbeutung die *Mama-loa*, die Bordellmutter, die entscheidende Rolle. Sie hält den Kontakt zu den internationalen Mafiagruppen und kassiert bei den Mädchen die monatlichen Raten für sich, die Beschützer und die Schleuserbanden in Nigeria ein. Die Verbindungen zu den Händlern werden über Kuriere gehalten, wobei die eingenommenen Gelder oft ins Drogengeschäft reinvestiert werden.

Die *Mama-loa* beaufsichtigt eine Gruppe von zehn bis 15 Mädchen, kontrolliert deren Verhalten, bestraft Verfehlungen und nimmt die Einkünfte in Empfang. Die Opfer wohnen in Absteigen oder überfüllten winzigen Wohnungen, die zu Wucherpreisen angemietet werden. Ihr gesamtes Leben spielt sich in drangvoller Enge in der Gemeinschaft mit ihren Ausbeutern und Leidensgenossinnen ab. Oft müssen sie im Zug zum zugewiesenen Revier pendeln. Ihr Lebensrhythmus, die nächtliche Arbeit und fehlende Freizeit machen jeden Kontakt zu Leuten außerhalb des Milieus unmöglich.

Zwar scheinen die familiären Bindungen dieser nigerianischen Mädchen stark ausgeprägt, doch das Gespräch spielt dabei eine geringe Rolle. Mit ihren Familien im Herkunftsland verbindet sie eine hauptsächlich

ökonomische Beziehung, und die Prostitution der Nigerianerinnen ist so organisiert, daß die Kontakte der
Frauen zu ihrem Heimatland auf ein Minimum redu-
ziert bleiben.

Die *Mamas* überweisen einen Teil der Monatsein-
kommen an die Familien der Mädchen nach Afrika.
Diese Überweisungen, die wegen des Kaufkraftgefälles
beträchtlich ausfallen, lassen Fragen nach dem Wohl-
ergehen der Mädchen in Italien nicht aufkommen. Die
Familien glauben an eine lukrative Stelle, und auch die
Mädchen selbst schönen in Briefen und nach der Rück-
kehr die Situation: aus Scham, Angst und um dem
Stigma der Prostitution zu entgehen. Und helfen kann
ihnen in Italien ohnehin keiner.

So wiederholt sich der Teufelskreis der Ausbeutung.
Der Kontakt der Verbrecherbanden zu den Familien
der Opfer spielt dabei eine große Rolle: Er macht die
Mädchen erpreßbar, weil die Angehörigen bei »Verfehlungen« oder einer Flucht mit negativen Folgen rechnen müssen. Der gewaltige Druck, der auf ihnen lastet,
beugt jeder Auflehnung vor. Nach Sozialhelfern »werden Frauen, die gegen die Regeln verstoßen oder andere
zur Auflehnung verleiten, nicht selten mit Schnitten
oder Messerstichen traktiert, von mehreren Männern
vergewaltigt, ja sogar getötet«.[74]

Auch die albanischen Mädchen, die in Italien auf
den Strich gehen, tun dies fast ausschließlich unter
Zwang.[75] Die Mechanismen sind hier allerdings andere
als bei den Nigerianerinnen. Viele geraten durch die
Liebesbeteuerungen ihrer künftigen Zuhälter in die
Prostitution. Während die afrikanischen Frauen von

einer straff durchorganisierten und auf internationaler Ebene operierenden Mafia ausgebeutet werden, fallen die albanischen Mädchen offenbar eher Einzeltätern zum Opfer.

Ihre Ausbeutung wird dabei weniger professionell und eher spontan betrieben – vornehmlich von selbständig arbeitenden Zuhältern. Während die Nigerianerinnen arbeitsteilig – von Schleusern, Zuhältern und Bordellmüttern – versklavt werden, erledigen die albanischen Zuhälter sämtliche Aufgaben des Geschäfts. Sie werben die Opfer an, zwingen sie zur Prostitution und kassieren selber ab.

Albanische Zuhälter haben zudem weniger Probleme mit dem Nachschub. Die Mädchen werden nicht auf dem Luftweg, sondern zu Wasser oder zu Land nach Italien eingeschleust – mit wesentlich geringeren Kosten. Je nach Route betragen die Reisekosten – alles inklusive – nach Schätzungen zwischen drei bis fünf Millionen Lire.[76]

Das System, mit dem die albanischen Mädchen gefügig gemacht werden, ähnelt Praktiken, die in der Nachkriegszeit in Italien bei den Straßenprostituierten angewandt wurden. Dabei übt eine dominante männliche Figur psychischen und physischen Druck aus. Die albanischen Zuhälter treten hier offenbar in die unrühmlichen Fußstapfen der früheren italienischen *Papponi* oder *Magnaccia*. Diese geschickten Verführer erschlichen sich das Vertrauen labiler Frauen und machten sie hörig. Mit Liebesbeteuerungen und Versprechen, sie zu beschützen, lockten sie sie schrittweise in die Prostitution.[77] Anschließend kamen Erpressungen und physische Gewalt hinzu. Fälle von Frauen, die mit einer gewaltsamen Initiierung – einschließlich Prügel und Folterungen – ins Gewerbe eingeführt wurden, waren weit verbreitet.

Mit den gleichen Methoden arbeiten heute die albanischen Zuhälter in Italien. Sie umwerben die Mädchen zunächst mit Komplimenten, versprechen neue Kleider, eine neue Existenz und ein Leben als »Dame«: Geld, Autos und Haute Couture – alles scheint plötzlich zum Greifen nahe. Die Verführer sind meistens keine Unbekannten: Die Mädchen kennen sie seit Jahren, vertrauen ihnen und beschließen so, ihr Glück mit ihnen zu versuchen.

So erzählt ein kleiner albanischer Ganove: »Ich habe erfahren, in Italien kann man Geld mit Mädchen machen, und da dachte ich, das versuche ich auch. Ich kannte in einem abgelegenen Dorf eine verheiratete junge Frau, die hatte ein hartes Leben als Bäuerin. Ich fragte sie, ob sie mit mir nach Italien gehen und dort arbeiten wolle, ohne zu sagen, was für eine Arbeit ich meinte. Aber mehr oder weniger wußte sie es. Sie hat sofort zugesagt, also kam ich hierher und verdiente Geld, indem ich sie auf die Straße geschickt habe. […] Hier kann man alles machen, alles bekommen, auch wenn sie mir jetzt zwei Jahre und drei Monate Gefängnis aufgebrummt haben.«[78]

Diese eher »unorganisierte« Vorgehensweise im Gewerbe durch Männer, die keine großen kriminellen Erfahrungen mitbringen, birgt allerdings besondere Risiken. Wie neuere Untersuchungen gezeigt haben, arbeiten gerade albanische Prostituierte, vor allem ganz junge, fast ohne jede Kenntnis ihres Gewerbes: Unerwünschte Schwangerschaften sind häufig und die

Ansteckungsgefahren kaum bekannt. Besonders gefährdet sind die Albanerinnen schon deshalb, weil fast alle ihre Kunden ungeschützten Geschlechtsverkehr verlangen.[79]

Im Straßenstrich in Italien spiegeln sich mehrere Einwanderungswellen wider. Ab 1989 tauchten dort Frauen aus dem ehemaligen Jugoslawien auf. Ab 1992 wurden sie dann vermehrt durch nigerianische und südamerikanische Mädchen abgelöst, worauf ab 1994 die ersten nennenswerten Gruppen albanischer Mädchen in Erscheinung traten.[80]

In den letzten Jahren hat sich darüber hinaus auch die Zusammensetzung dieser Prostituierten verändert. Die zuerst eingeschleusten Mädchen aus Nigeria und Albanien stammten vorwiegend aus städtischen Regionen, verfügten über eine gewisse Bildung und waren nur teilweise informiert, daß sie in Italien auf den Strich gehen würden. Ab 1995 wurden dann Frauen eingeschleust, die mehrheitlich über eine Schuldknechtschaft ausgebeutet werden.

Diese Frauen sind der Profitgier ihrer Ausbeuter noch stärker ausgeliefert als ihre Vorgängerinnen. Ihr Durchschnittsalter und ihr Bildungsstand liegen deutlich niedriger. Vor allem sind es Mädchen aus entlegenen ländlichen Regionen. Sie sind noch wehrloser und leichter erpreßbar. Die Prostitution in Italien trägt hier noch deutlicher die Züge der Sklaverei.

Diese augenblicklichen Tendenzen in Italien spiegeln einen europa- und weltweiten Trend wider, der mit den juristischen und gesellschaftlichen Mitteln, die unmittelbar nach dem Zweiten Weltkrieg – zur Bekämpfung der Prostitution und zum Schutz von Frauen – geschaffen wurden, kaum noch einzudämmen ist.

Seit den achtziger und noch deutlicher den neunziger Jahren sind als Rekrutierungsorte für Prostituierte immer neue geographische Regionen erschlossen worden. Und die Huren wurden im Durchschnitt immer jünger. Während eine Zeitlang eher erfahrene Prostituierte geschätzt wurden, sind heute vor allem blutjunge Mädchen gefragt – nicht zuletzt deshalb, weil über die Übertragungswege von Aids zu wenig bekannt ist. So meinen viele Kunden, die von den Mädchen ungeschützten Geschlechtsverkehr verlangen, die Ansteckungsgefahr sinke mit dem Alter der Mädchen. In Wahrheit trägt gerade ihre Ignoranz mit dazu bei, daß Aids weiter auf dem Vormarsch ist.

Der Trend auf dem Sexmarkt geht so zu den am leichtesten dirigierbaren Prostituierten: zu Ausländerinnen, die die Gesetze und die Kultur des Gastlandes nicht kennen, und zu besonders jungen Mädchen ohne Lebenserfahrung, die nicht die Kraft aufbringen, um sich gegen besonders erniedrigende Praktiken zu wehren.

Nach neueren Untersuchungen sind über das Gebiet der Europäischen Union im Zuge des Menschenhandels vier verschiedene Einwanderungswellen hinweggerollt: Mit der ersten, die in den siebziger Jahren einsetzte, kamen Asiatinnen, vornehmlich Thailänderinnen und Filipinas, nach Europa. Die zweite hatte ihren Ursprung in lateinamerikanischen Ländern (vor allem in der Dominikanischen Republik und Kolumbien), die dritte in Afrika (vor allem in Ghana und Nigeria) und die letzte schließlich in den Staaten des ehemaligen Ostblocks.[81] Die letzte Welle ist sicher die bedeutendste.

Seit 1990 hat sich in Belgien die Zahl der eingeschleusten Frauen aus Zentral- und Osteuropa mehr als verdoppelt, in Holland liegt sie inzwischen dreimal so hoch. Nach Schätzungen internationaler Organisationen sind die Frauen aus dem ehemaligen Ostblock tendenziell jünger, zwischen fünfzehn und fünfundzwanzig Jahre alt, und unverheiratet. Allerdings ist der Bildungsstand höher als bei Frauen aus außereuropäischen Ländern. Letztere sind häufig verheiratet und haben Kinder.[82]

Die Routen aus Osteuropa haben gegenüber denen aus Asien an Bedeutung gewonnen – wegen der geringeren Kosten und weil die Opfer mit Hilfe von Touristenvisa einfacher in die Gastländer eingeschmuggelt werden können. Frauen werden auf vielfältigen Wegen verschoben: »Seit 1989 haben die Fälle, bei denen mit Frauen Handel getrieben worden ist, in Westeuropa alarmierend zugenommen. Ein wachsender Anteil der Opfer stammt aus dem mittleren Osteuropa. Gleichzeitig strömen Frauen aus östlicheren Gebieten wie der ehemaligen Sowjetunion nach Mitteleuropa. Die mitteleuropäischen Staaten sind zugleich Transitländer für den Menschenhandel in Richtung Westeuropa.«[83]

In Ungarn, wo die Gesetze zur Prostitution vor kurzem verändert wurden, spielt die Sexindustrie inzwischen eine bedeutende Rolle. Ein Drittel der dort tätigen Prostituierten stammt aus der Ukraine, Rußland oder Rumänien. Geringe Produktionskosten haben zudem eine Pornoindustrie mit Hauptsitz in Budapest entstehen lassen. Sexuelle Dienstleistungen, auch besonders erniedrigende und schmerzhafte Praktiken, sind in Ungarn für ein Drittel der Preise zu haben, die im letzten Jahrzehnt in Westeuropa gezahlt wurden.[84]

In Polen, wo sich die Zahl der Prostituierten allein zwischen 1992 und 1994 verdreifacht hat,[85] wurde ein straff organisierter Mädchenhändlerring zerschlagen, der von einem Türken und einem Polen, angeblichen Barbesitzern in Deutschland, aufgebaut worden war. Die Opfer waren zwischen sechzehn und zwanzig Jahre alt, kamen aus schwierigen Familienverhältnissen und hatten einen geringen Bildungsstand. Die Händler versprachen diesen Mädchen gute Verdienste als Kellnerinnen, Bardamen, Köchinnen oder Haushaltshilfen in Berlin. Sie beschafften falsche Pässe, schossen Reisekosten vor und überstellten sie dann illegal betriebenen Bordellen. Der Preis schwankte je nach Qualität der »Ware«.

Nach der Ankunft in Deutschland wurden die Mädchen von einer türkischen Bande in Gewahrsam genommen und zur Prostitution gezwungen. Widerstand wurde mit Folterungen oder Essensentzug gebrochen. Viele arbeiteten unter Aufsicht eines Leibwächters als Callgirls. Die Entlohnung betrug ein Drittel des Gesamterlöses.

Die Frauen, die zur Prostitution gezwungen werden, stammen aus Grenzregionen oder osteuropäischen Hauptstädten. Auch in Griechenland und Spanien ist die Praxis verbreitet, Mädchen mit Touristenvisa für drei Monate ins Land zu holen und sie dann zu unentgeltlicher Prostitution zu zwingen – nach dem üblichen Szenario, wonach Schulden beglichen und Kosten für

Essen, Unterkunft und medizinische Versorgung zu erstatten seien.[86]

Die eingeschleusten Prostituierten sind auffallenderweise besonders mobil geworden. Einige arbeiten in einem einzigen europäischen Land und wandern von einer Stadt zur anderen, andere halten sich dagegen in einem Land nur kurz auf und arbeiten anschließend in einem weiteren.[87]

Die Netzwerke, über die der Mädchenhandel abläuft, lassen sich in drei große Klassen einteilen.[88] Bei der ersten sind grenzüberschreitende Verbindungen oder zumindest eine komplexe Organisation und große Investitionen notwendig: die Schleusung thailändischer oder philippinischer Frauen, die entsprechend lange Reisen unternehmen müssen, oder die Ein- und Ausfuhr minderjähriger Mädchen sind Unternehmen, die besondere kriminelle Erfahrungen und Energien erfordern. In manchen Fällen gelingt es den Händlern, den gesamten Ablauf von der Anwerbung bis zur Endabnahme zu kontrollieren. So wurde zum Beispiel 1997 in Brüssel ein Afrikaner verurteilt, der auf dem belgischen, italienischen und deutschen Markt 400 Frauen aus seinem Heimatland zum Stückpreis von 8000 Dollar »verkauft« hat. Die Frauen wurden mit falschen Papieren eingeschleust und mußten den Bordellbesitzern anschließend zur Wiedererlangung der Freiheit 25 000 Dollar zurückzahlen.[89]

Die zweite Kategorie ist der Handel zwischen zwei Ländern; bei diesem Netzwerk werden Frauen im ersten Land angeworben und im zweiten ausgebeutet, so die Prostitution von Tschechinnen in Österreich, die von einem besonderen Netzwerk organisiert wird.[90]

Zur letzten Kategorie gehören beispielsweise die albanischen Prostituierten in Italien: Einzelne selbständig arbeitende Zuhälter beuten eine oder zwei Prostituierte aus.

Die Arbeit der verschiedenen Schleuserbanden, die die Sexmärkte mit leicht ausbeutbaren Frauen beliefern und für immer neues »Frischfleisch« sorgen, haben im Gewerbe zu Veränderungen geführt.

So weitet sich vor allem in denjenigen europäischen Ländern, in denen die Prostitution reglementiert wird, das illegale Segment des Marktes immer weiter aus. Bisher haben die Gesetzgeber noch nicht auf eine Situation reagiert, bei der Frauen unter falschen Versprechungen in ein Land eingeschleust und dann zur Prostitution gezwungen werden – eine Praxis, die vor allem deshalb möglich ist, weil die Betroffenen wegen ihres illegalen Status keinen rechtlichen Schutz genießen und so den Ausbeutern hilflos ausgeliefert sind.

In Deutschland hat die illegale Prostitution in den letzten Jahren stark zugenommen. 75 Prozent der Prostituierten sind nach Schätzungen Ausländerinnen.[91] Die Frauen, die über Schleuserringe illegal in die Bundesrepublik gelangen, stammen zu 80 Prozent aus Mittel- oder Osteuropa: Mindestens 15 000 sollen allein in den Rotlichtvierteln deutscher Großstädte tätig sein.[92] Auch in den Niederlanden, wo besonders fortschrittliche Gesetze in Kraft sind, gibt es einen stark anschwellenden Zustrom an ausländischen Frauen. Sie sind billiger und gelten bei Bordellbesitzern als »gefügiger«. Mindestens 50 Prozent der in holländischen Städten arbeitenden Prostituierten sind heute Ausländerinnen.[93]

Zum Sexmarkt in Österreich ist jüngst eine Studie angefertigt worden. Demnach hat hier der massive Zustrom an osteuropäischen Frauen zu einer Ausweitung des illegalen Sektors und zu einem Preisverfall bei sexuellen Dienstleistungen geführt. 1990 gab es in Wien 800 behördlich registrierte und geschätzte 2800 illegal arbeitende Prostituierte. Bis 1995, also ganze fünf Jahre später, ist die Zahl der registrierten Prostituierten auf 670 gesunken, während die der illegalen, zumeist von Zuhältern abhängigen Prostituierten auf 4300 gestiegen ist. Diese Frauen werden immer dann, wenn rechtliche Schwierigkeiten auftreten, rasch an einen anderen Einsatzort verlegt. Dabei arbeiten die örtlichen Zuhälter recht gut mit internationalen Schleusern zusammen.[94]

In den 752 Fällen von Frauenhandel, die 1995 vor österreichischen Gerichten verhandelt wurden, kamen die Beteiligten hauptsächlich aus den Ländern des ehemaligen Ostblocks. Wie die italienische Prostitution ist auch die österreichische vornehmlich auf »ethnischer« Basis organisiert. Tschechische Zuhälter fahren ihre Frauen täglich zum Straßenstrich oder zu den Wiener Nachtlokalen. Die slowakischen Prostituierten, die auf der Straße anschaffen, leben mit Zuhältern in kleinen Wiener Hotels zusammen. Die ungarischen Huren arbeiten vornehmlich in Bars und wurden schon im Heimatland in die Prostitution eingeführt.[95]

Eine wichtige Feststellung ist in diesem Zusammenhang auf der Ebene der Europäischen Kommission getroffen worden: Auch wenn einige dieser Frauen ihr Geschäft von Anfang an geplant hatten, so sind die ihnen anschließend angetane Gewalt und ihre Versklavung vorbehaltlos zu verurteilen.[96]

Die erhöhte Mobilität der Prostituierten und ihrer Beschützer hat für die Freier Vorteile. Die Beschäftigung ausländischer Prostituierter führt zu niedrigeren Preisen. Die Neuzuwanderungen, die verschärfte Konkurrenz, der ständige Austausch der Frauen im Geschäft und ihr immer geringeres durchschnittliches Alter tragen mit dazu bei, daß die Nachfrage nach sexuellen Dienstleistungen weiterhin bestehen bleibt.

Der Eckstein dieses anarchischen und immer weniger Regeln gehorchenden Marktes ist der illegale Status der beteiligten Frauen. Aus dem eigenen kulturellen und gesellschaftlichen Umfeld herausgerissen und ohne ein Netz der Solidarität, sind sie ihren Ausbeutern gnadenlos ausgeliefert. Dabei kommen die brutalsten Formen der Ausbeutung nach einer vor kurzem in Europa durchgeführten Studie bei ausländischen Prostituierten viermal häufiger vor als bei inländischen.[97]

In den Niederlanden hat eine Menschenrechtsvereinigung aufgedeckt, daß manche Frauen und Mädchen durch Vergewaltigungen, oft mit mehreren Beteiligten, zur Prostitution gezwungen werden.[98] Neben dem Abnehmen des Passes gehört dieses Mittel zu einem europaweit verbreiteten System, mit dem zwangsprostituierte Frauen unter Kontrolle gehalten werden. Die so versklavten Opfer können nicht auf die Hilfe einer Freundin, eines Verwandten oder eines Sozialarbeiters zurückgreifen. Ihre Peiniger sind oft ihre einzigen menschlichen Kontakte. Von Freiern abgesehen, leben sie gegen die Außenwelt vollständig abgeschottet.

Die einzige »Gesellschaft«, der sie angehören, ist die von Verbrechern. In dieser Situation verlieren die Betroffenen schließlich jede Selbstachtung und jedes

Selbstwertgefühl. Die Lage der Mädchen, die auf dem Sexmarkt verkauft werden, gleicht der »mobilen Sklaverei« in der Antike: »Menschen, die aus ihrer natürlichen Gemeinschaft herausgerissen worden sind […], die Privatbesitz sind, ohne Recht und Schutz außer dem, den ihr Eigentümer ihnen aus Eigennutz gewährt.«[99] Im Gegensatz zu antiken Sklaven, die immerhin einen rechtlichen Status besaßen, sind die heutigen Sexsklavinnen Menschen ohne jeden gesetzlichen Schutz. Ihr Leben liegt in den Händen von Peinigern, die ihnen Kost und Logis gewähren. Da ihr Aufenthaltsort im allgemeinen unbekannt ist, können sie unbemerkt mißhandelt, gefoltert oder ermordet werden. Sie können nirgendwohin fliehen. Ihre Verletzlichkeit ist umfassend.

Die ökonomische Versklavung

Traurige Bilder

Denkt man an den typischen Sklaven in der Antike oder der Neuen Welt, so wird man leicht zu dem Schluß verleitet, daß es die Sklaverei heute nicht mehr gibt. Nirgendwo auf der Welt werden einzelnen oder Gruppen per Gesetz alle Rechte verwehrt. Nirgendwo ist die totale Willkür über einen Menschen gesetzlich legitimiert. Aber wie wir im vorigen Kapitel zu zeigen versucht haben, ist die Sklaverei in Wahrheit keineswegs ausgerottet. Sie hat vielmehr alle Verbote überdauert und wuchert – ganz oder fast unbeachtet – wie Unkraut unter der Oberfläche weiter. Wenn man heute über die Lage der Menschenrechte diskutiert und sie bewertet, ist folglich besondere Vorsicht geboten. Die Fortschrittsgläubigen, die in den letzten beiden Jahrhunderten einen großen Sprung der Menschheit hin zu mehr Moral und Zivilisation sehen, seien mit einem kurzen Blick nach Afrika eines Besseren belehrt.

Es gibt noch immer Orte, wo Menschen als Privatbesitz gelten und sich sogar selbst so sehen. Obwohl nicht mehr durch Gesetze gedeckt, ist die Sklaverei als gesellschaftliche Einrichtung noch immer tief im Bewußtsein der Menschen verankert. Dies zeigt das Beispiel Mauretanien.

Dieses Land ist heute der krasseste Fall. Mauretanien hat die Sklaverei im 20. Jahrhundert dreimal verboten: 1905 unter den damals herrschenden Franzosen,
1960 mit der Unabhängigkeit und schließlich 1980
unter dem Präsidenten Mohammed Khouna Ould Hai-
dallah. Trotz der Bemühungen der mauretanischen
Regierung und der *Working Group on Contemporary
Forms of Slavery* (die UN-Arbeitsgruppe zu modernen
Formen der Sklaverei)[1] hält die ehemalige französische
Kolonie mit ihren zweieinhalb Millionen Einwohnern
einen traurigen Rekord bei der Anzahl von Menschen,
die als »Sache« betrachtet werden. Nach einem Bericht
des US-Außenministeriums sind heute noch ungefähr
90 000 Personen faktisch das »Eigentum« von Angehörigen der Berberstämme, den letzten Erben des großangelegten Sklavenhandels, der über tausend Jahre lang
die bedeutendsten Städte und Oasen am Rand der
Sahara miteinander verbunden hat.[2]

Die mauretanischen Sklaven, zumeist Angehörige
dunkelhäutiger Stämme aus den Randgebieten der
Sahara, werden noch heute wie Sachen behandelt. Sie
dienen im Haushalt, schuften in der Landwirtschaft
und ziehen fremde Kinder auf. Frauen müssen dem
Sklavenhalter auch im Bett zu Willen sein. Sie können
verkauft oder gegen Kamele, Wagen oder Waffen ein-
getauscht werden. Den Preis bestimmen das Alter und
die körperliche Verfassung – manchmal beträgt er
unter 15 US-Dollar. Die meisten stammen aus Volks-
gruppen, die seit über einem Jahrhundert zum Islam
konvertiert sind – und dürften nach dem Koran folglich
nicht zu Sklaven gemacht werden. Aber die Tradition
und der wirtschaftliche Nutzen obsiegen über den

Glauben: Den schwarzen Sklaven Mauretaniens werden die elementarsten Rechte aller Muslime vorenthalten, vor allem die Rechte auf Heirat, auf eine Schulbildung und auf die Teilnahme am Gebet in der Moschee.[3]

Nach anderen Quellen gibt es in Mauretanien neben den echten Sklaven weitere 300 000 ehemalige, die zwar freigelassen wurden, aber für die einstigen Besitzer nach wie vor kostenlos ganz- oder halbtags schuften – nur gegen Kost, Logis und eine minimale medizinische Versorgung.[4] Obwohl diese *Haratin,* die Freigelassenen, den ehemaligen Besitzern jederzeit den Rücken kehren könnten, wohnen viele noch heute bei ihnen im Haus oder in der unmittelbaren Nachbarschaft. Für viele war dies die einzige Möglichkeit, die Hungersnöte und Dürren der letzten Jahre zu überleben.

Ihre freiwillige Unterwerfung beruht in Mauretanien und anderswo auf einer tief verwurzelten seelischen Abhängigkeit, die sie an ihre ehemaligen Besitzer bindet: Da schon Generationen von Vorfahren Sklaven waren, können sie sich ein Leben in Freiheit nicht vorstellen. Und ihrem Aberglauben nach riskieren sie schwere Strafen im jetzigen Leben oder im Jenseits, wenn sie das Band der Abhängigkeit gewaltsam durchtrennen.[5]

Natürlich sind die heutigen Sklaven in Mauretanien und anderswo niemandes Eigentum. Die meisten sind – rein rechtlich gesehen – freie Individuen, die auf der Basis von Vereinbarungen angeworben wurden und jederzeit wieder gehen können. Kein Gericht und keine Polizei der Welt wurde einem Halter dabei helfen, einen entflohenen Sklaven aufzuspüren oder ihn wegen

Aufsässigkeit auszupeitschen. Das bedeutet freilich nicht, daß die Lebensbedingungen moderner Sklaven besser wären als die der Unfreien in der Vergangenheit.

Die heutigen Opfer der Sklaverei haben ihre Freiheit verloren, sie müssen unter Bedingungen arbeiten, die ganz von den Arbeitgebern diktiert werden, und verfügen über wenige oder keinerlei rechtliche Mittel, um sich gegen körperliche oder seelische Mißhandlungen zu wehren. Berichte von jungen Frauen, die der Sklaverei in einem wohlhabenden Haushalt entflohen sind, belegen in erschreckender Klarheit, welchen Übergriffen Ausgebeutete von heute noch immer ausgesetzt sind.

Die fünfundzwanzigjährige Filipina Alice war Bauingenieurin. Sie antwortete auf eine Zeitungsannonce, die ihr eine Anstellung in ihrem Beruf versprach. Bald darauf fand sie sich in einer reichen Familie in Kuwait wieder, die sie zweieinhalb Jahre zu einer Arbeit unter sklavereiähnlichen Bedingungen zwang. So sieht ihr Bericht aus:

»Ich wurde wie eine Sklavin behandelt. In Gegenwart meiner Arbeitgeber mußte ich mir die Schuhe ausziehen. Wenn sie an mir vorübergingen, mußte ich mich verneigen. In ihrem Beisein durfte ich mich niemals setzen. Sie redeten mich nie mit meinem Namen an, sondern benutzten nur Schimpfwörter wie ›du Hündin!‹ oder ›Äffin‹. Wenn ich in ihrer Nähe war, zerrten sie an mir herum und befahlen mir, in eine bestimmte Richtung zu schauen. Die Kinder schlugen oft mit Spielsachen auf mich ein, wenn ich nicht tat, was sie verlangten.

Ich stand um fünf Uhr auf, um den Kindern Früh-
stück zu machen, durfte aber nicht vor den Erwachsenen zu Bett gehen. Manchmal hatten sie bis zwei Uhr
nachts Besuch. […] Mitternacht war für mich schon
früh. In den zweieinhalb Jahren, in denen ich für sie
gearbeitet habe, hatte ich nicht einen freien Tag und
auch sonst keine Zeit für mich. Einmal fragte ich, ob
ich für eine Stunde zur Kirche gehen könne. Sie sagten
mir: ›Du bist nicht zum Vergnügen hier, du bleibst hier
und arbeitest.‹ […] Die schlimmste Zeit war der Rama-
dan. Ich mußte Tag und Nacht pausenlos schuften und
bekam nur ab und zu etwas Schlaf in einem Lehn-
stuhl.«[6]

Geschichten wie die von Alice gibt es Tausende unter
den 200 000 ausländischen Hausangestellten, die in den
reichen Familien in den Staaten am Persischen Golf
Dienst tun. Ihr erbärmlicher Lohn liegt je nach Gast-
land bei 170 bis 300 Dollar im Monat. Fälle von ausländischen Hausmädchen, die Opfer von Mißhandlungen und übelsten Formen der Ausbeutung wurden, gibt
es übrigens auch in Europa.

Eine Vereinigung mit Sitz in London – die Commission for Filipino Migrant Workers (CFMW) – hat eine
Umfrage unter den 247 Personen durchgeführt, die
zwischen Februar und September 1992 ihre Anstellungen als Haushaltshilfe verlassen und bei der CFMW um
psychische, finanzielle oder rechtliche Hilfe nachge-
sucht hatten. Es handelte sich vornehmlich um Frauen
aus 17 verschiedenen Ländern. Ungefähr 89 Prozent
sprachen von seelischen Mißhandlungen (Drohungen,
Beleidigungen, ständigem Anschreien). 31 Prozent be-
richteten von körperlichen Übergriffen (Schlägen, Stö-

ßen, Anspucken). 8,6 Prozent waren vergewaltigt oder zumindest sexuell belästigt worden. 61 Prozent bekamen nicht regelmäßig zu essen oder die Reste ihrer Herrschaft vorgesetzt. Über 50 Prozent hatten kein eigenes Bett und Zimmer und mußten im Flur oder in der Küche schlafen. 26 Prozent waren praktisch Gefangene und durften das Haus nicht ohne Aufsicht verlassen. In 83 Prozent der Fälle waren ihnen von den Arbeitgebern die Pässe abgenommen worden. Und in 74 Prozent erhielten sie nicht regelmäßig oder überhaupt keinen Lohn.[7]

Allen möglichen Mißbräuchen ausgeliefert sind auch die zahllosen Kinder, die überall auf der Welt – von der eigenen Familie oder von skrupellosen Ausbeutern – zur Arbeit gezwungen werden. Von den 250 Millionen Fünf- bis Zehnjährigen, die nach neueren Schätzungen des Internationalen Arbeitsamtes »wirtschaftlich aktiv« sind, arbeitet mindestens die Hälfte ganztags. Mindestens ein Drittel arbeitet unter gefährlichen und gesundheitsgefährdenden Bedingungen.

Viele dieser Kinderarbeiter sind – falls sie das Erwachsenenalter überhaupt erreichen – dauerhaft geschädigt: durch Krankheiten, Knochenbrüche, Wunden und seelische Traumen.[8] Ein erheblicher Teil schuftet zudem »unter Bedingungen, die nicht im entferntesten an freie Arbeitsverhältnisse erinnern«. Diese Kinder arbeiten zu einem erbärmlichen oder ganz ohne Lohn und haben auf die Abläufe der Arbeit keinerlei Einfluß. Oft geht die Schufterei – bis zu 18 Stunden am Tag – völlig über ihre Kräfte. Viele sehen kein Tageslicht. Alle Grundrechte werden ihnen verweigert: Sie können sich weder frei bewegen noch offen reden.

Vor allem in Fabriken oder Manufakturen sind Kinderarbeiter besonderen Risiken ausgeliefert. Sie leben unter sklavereiähnlichen Bedingungen. Beispiel ist die Glasherstellung im indischen Ferozabad, die mit Hunderttausenden von Kinderarbeitern am Laufen gehalten wird. Bei unerträglicher Hitze müssen sie das glühende Glas an Eisenstangen zu den Arbeitern tragen. Sie sind barfuß, der Boden ist mit Scherben übersät, und Verbrennungen sind häufig.

Zwei bis drei Millionen Kinder werden in den Ziegelbrennereien Indiens und Pakistans ausgebeutet: In sengender Hitze im Sommer und bei eisiger Kälte im Winter schuften sie in einer stickigen Luft voller Quarzstaub. Die meisten leiden später an Silikosen oder anderen Erkrankungen der Atemwege und an Augenkrankheiten bis hin zur vollständigen Erblindung.

Zahllose Kindersklaven dosen in Fabriken Sardinen ein – zum Beispiel auf den Philippinen, wo sie von Stacheldraht und bewaffneten Aufsehern an der Flucht gehindert werden.

Minderjährige halten eine Vielzahl weiterer Produktionszweige am Laufen: so die illegale Textilindustrie in Thailand, die Teppichindustrie auf dem indischen Subkontinent und die Produktion von Holzkohle in Brasilien, vor allem in den Bundesstaaten Mato Grosso im Süden und in Minas Gerais.

In entlegenen Orten des Regenwaldes am Amazonas klauben Kinder mit ihren Eltern die hergestellte Holzkohle zusammen und sorgen für die Auskühlung der Meiler. Von Privatmilizen ständig überwacht, schuften sie fernab von Stadt und Schule ohne ausreichende medizinische Versorgung. Staublungen und Kreislauferkrankungen sind die Spätfolgen dieser harten Arbeit im Kohlenstaub und in der Hitze.

Hunderte von Kindern waschen Gold im Sand von Madre de Dios in Peru: Mückenstiche und katastrophale hygienische Verhältnisse sorgen für eine Vielzahl von Krankheiten, darunter für Malaria.[9]

In vielen Fällen erleiden diese modernen Sklaven – entsprechend den üblichen Gepflogenheiten in den Sklavenhaltergesellschaften der Vergangenheit – eine »Entfremdung von der Heimat«, wie Orlando Patterson es genannt hat: Aus der vertrauten Umgebung herausgerissen, verlieren sie jede soziale und kulturelle Identität. So werden sie »zu einem perfekten Werkzeug, das vom Besitzer beliebig geformt und benutzt werden kann«.[10]

Die Methoden der Unterwerfung schwanken von Ort zu Ort: Wie erwähnt, wird vielen als Sklavinnen gehaltenen Hausmädchen nicht einmal das Recht zugebilligt, beim eigenen Namen genannt zu werden. Tagesabläufe ohne Freizeit unterbinden jedes Sozialleben. Den Opfern wird die Identität geraubt.

Im Sudan wird dieser Prozeß der Entfremdung mancherorts mit noch brutaleren Methoden betrieben: Die modernen Sklaven – zumeist Katholiken oder Animisten, die aus der Heimatregion verschleppt und Hunderte von Kilometern entfernt auf Basaren verschachert werden – müssen zum Islam konvertieren, erhalten zuweilen neue Namen und müssen die Sprache ihrer Besitzer erlernen.[11]

Ähnlich sind Schätzungen zufolge mindestens 10 Prozent der über 900 000 Kinder, die in der Teppichindustrie Indiens, Pakistans und Nepals arbeiten, von spezialisierten Banden entführt und an skrupellose Unternehmer verkauft worden. Etwa die Hälfte sind Opfer zwielichtiger Vermittler, die systematisch ärmere, entlegene Regionen nach Kindern durchkämmen, die ihnen von gutgläubigen Eltern überlassen werden. Statt des versprochenen Schulbesuchs und der guten Behandlung erwartet sie anschließend eine Sklavenarbeit für die Ausbeuter, an die sie verkauft worden sind. Andere sind von verschuldeten Eltern in Zahlung gegeben worden oder müssen ererbte Schulden abarbeiten.

Obwohl die zeitgenössische Sklaverei nicht durch Gesetze gedeckt ist, verbreitet sie sich über verschiedene Wege. Häufig ist das Sklavendasein erblich. Von den vielen Millionen Schuldknechten, die auf dem indischen Subkontinent in der Landwirtschaft, der Industrie oder im Dienstleistungsbereich schuften, haben viele die Schuld vom Vater geerbt: In manchen Fällen ist sie nachweislich über vier oder fünf – zuweilen sogar über acht! – Generationen weitergereicht worden.[12]

Zwar gleicht das Schicksal heutiger Sklaven in vielerlei Hinsicht dem der früheren Leidensgenossen, doch gibt es bedeutende Unterschiede: Gerade weil die heutigen Sklaven nach Recht und Gesetz in keinem Staat der Welt mehr als Ware betrachtet werden dürfen, erfahren sie oft eine noch brutalere Behandlung.

Es sei daran erinnert, daß Sklaven, vor allem außerhalb Europas, als kostbare Güter betrachtet und deshalb – als Kinder, Alte und im Krankheitsfall – den Umständen entsprechend gut behandelt wurden. Oft jedenfalls nicht schlechter als die vollwertigen Mitglieder der Stämme und Sippen.

Da die »Eigentumsrechte« sehr viel unsicherer sind,

werden heutige Sklaven billiger eingekauft und sofort davongejagt, wenn Unfall, Krankheit oder Alter ihre Arbeitsfähigkeit beeinträchtigen.[13]

Im Gegensatz zu den Sklaven, die auf den Latifundien im antiken Italien oder auf den Plantagen der Neuen Welt arbeiteten, gelten die heutigen nicht einmal mehr als Teil des Unternehmenskapitals: Gerade weil der Besitz von Sklaven nicht mehr legal ist, wird in sie – bei der Ernährung, Erziehung und Ausbildung – nicht mehr auf lange Sicht investiert. Wie alle billigen Produktionsfaktoren gelten sie als jederzeit austauschbar.

In den Augen der Ausbeuter ist jede Investition, die ihre Lebensbedingungen verbessert, reine Verschwendung: Die neuen Sklaven – ob minderjährige oder erwachsene Schuldknechte – können angesichts eines reichhaltigen Angebots zu jedem Zeitpunkt ersetzt werden.

Noch einmal Schuldknechtschaft

Noch erbärmlicher sind die Lebensbedingungen der Millionen Schuldknechte, die auf dem indischen Subkontinent, in Lateinamerika und anderen Entwicklungsländern Jahrzehnte oder das ganze Leben Sklavenarbeit verrichten müssen, weil sie ihre zum Teil ganz geringen Schulden nicht abtragen können. Obwohl offiziell frei und im Genuß aller bürgerlichen und politischen Rechte, gleicht ihre Lage den übelsten Formen der früheren Sklaverei. So hat 1983 der Richter des indischen Obersten Gerichtshofs in einer

Urteilsbegründung festgesellt: »[Schuldknechte] sind Unpersonen, aus der Zivilisation Ausgeschlossene. Sie leben übler als Tiere, denn Tiere können zumindest frei entscheiden, wo sie weiden, und fressen, wenn sie Hunger haben. Dagegen werden die Kastenlosen in Knechtschaft gehalten, aller Freiheiten beraubt und zu einer erbärmlichen Existenz gezwungen. Sie schlafen in elenden Behausungen oder unter freiem Himmel und müssen sich mit dem wenigen begnügen, das sie abbekommen – auch wenn es ihre leeren Mägen nie ganz füllt.«[14]

Sitzen die Opfer erst einmal in der Schuldenfalle, verlieren sie jede Kontrolle über ihr Leben: Sie müssen tun, was von ihnen verlangt wird, auch wenn es den Vereinbarungen nicht entspricht. Ihr Arbeitgeber entscheidet allein, wie sie ihre Arbeit einteilen und wie lange sie arbeiten. So arbeiten beispielsweise Schuldknechte in Nepal – die sogenannten *Kamaiya* – 18 Stunden am Tag. Die Arbeitgeber schlagen und mißhandeln sie, verlangen eine Entschädigung, wenn sie krank werden, und belegen Darlehen mit Wucherzinsen. Manche zwingen Frauen zu sexuellen Handlungen, andere machen ihnen Kinder, die als Erwachsene dann ebenfalls Knechte ihres Vaters und Gebieters sind.[15]

Die Schuldknechtschaft beruht auf dem immer gleichen Mechanismus, der mit erstaunlicher Regelmäßigkeit fast überall auf der Welt wirkt: Am Anfang steht ein Darlehen oder ein Vorschuß, den der Schuldner beim Gläubiger abarbeiten muß. Daraufhin gerät er in eine Falle, aus der er sich selten wieder befreien kann. Denn das Arbeitsverhältnis ist so angelegt, daß die Anleihe in überschaubarer Zeit unmöglich zurückgezahlt werden kann. Während der Schuldner das Darlehen in verschwindend geringen Raten abstottert, kommen durch angebliche Auslagen des Gläubigers für Unterhalt und Arbeitsmittel immer neue Schulden hinzu. Zudem werden »Bußgelder« für Ausfälle oder schlechte Arbeit verlangt – neben den Wucherzinsen, die bis zu 400 Prozent jährlich betragen.

Das System der Schuldknechtschaft ist organisierter Betrug. Der Kreditgeber strebt nicht primär Zinseinkünfte, sondern die uneingeschränkte Herrschaftsgewalt über seine Opfer und ihre Familien an, um sie dann schamlos auszubeuten. Die fadenscheinigste und brutalste Form ist das System des *Peshgi* in Pakistan: *Peshgi* ist ein Vorschuß, den ein Vermittler einem in Schwierigkeiten geratenen Mann anbietet. Dieser muß im Gegenzug an einen Grundbesitzer, den Eigner einer Ziegelbrennerei oder einen Fabrikbesitzer die eigene Arbeitsleistung oder die eines Familienmitgliedes verpfänden. Dabei bekommt der Schuldner zunächst nur einen Bruchteil seines Darlehens ausbezahlt. Den Rest soll er als Vergütung für die Arbeitsleistung erhalten. Wie »der mit einer Hypothek Belastete« – so seine Bezeichnung in einigen pakistanischen Dialekten – allerdings rasch feststellt, wird ihm der Lohn nie in voller Höhe ausbezahlt. Der Arbeitgeber macht immer neue »Auslagen« geltend, von denen bei Vertragsabschluß nicht die Rede war. Abgezogen werden zudem Verdienstausfälle bei saisonbedingten Arbeiten – so in Ziegelbrennereien, wo die Arbeit während des Monsuns ruht. Das Ergebnis ist immer das gleiche: Weil das Geld zum Leben nicht reicht, muß der Schuldner um ein weiteres Darlehen bitten – und die Arbeitskraft seiner Kinder verpfänden. In Kürze sitzt die ganze Familie in der Schuldenfalle.[16]

Eine Variante des *Peshgi* wird in ländlichen Gebieten Indiens in der Teppichknüpferei betrieben. Ein Unternehmer, der sogenannte *Thekedar,* wirbt ganze Familien von Kleinbauern oder landlosen Tagelöhnern als Teppichknüpfer in Heimarbeit an. Er stellt Kredite für Knüpfrahmen, Werkzeug und Rohstoffe zur Verfügung und verspricht hohe Gewinne. In Wahrheit sitzen die Familien bald darauf in der Schuldenfalle. Die hergestellten Teppiche werden nicht zum vereinbarten Preis abgenommen – wegen angeblicher Qualitätsmängel oder Verzögerungen bei der Lieferung.[17] Um die Fristen einzuhalten, gehen die Familien rasch dazu über, beim Knüpfen auch die Kinder einzuspannen. Obwohl sich die ganze Familie bei der gesundheitsschädlichen Arbeit aufreibt, werden ihre Schulden nicht geringer.

In anderen Fällen dreht sich die Spirale der Schulden in einem offiziell »freien« Arbeitsverhältnis, von dem freilich nur der Unternehmer profitiert – so im Fall der Steinebrecher im indischen Bundesstaat Haryana. Rein rechtlich arbeiten sie als »Selbständige«, die nach der abgelieferten Menge an gebrochenen Steinen bezahlt werden. Die Bezahlung ist allerdings so miserabel, daß mittelfristig kaum einer der Verschuldung entgeht. Zahlreich sind die Gründe, derentwegen die Steinebrecher die Betreiber der Steinbrüche um ein Darlehen bitten müssen: zur Tilgung fälliger Altschulden, als Mietzahlungen für Gerät, zum Kauf von Sprengstoff, für einen Arztbesuch oder für eine Bestattung – dies sind die am häufigsten genannten Gründe, aus denen Opfer einen Kredit aufnehmen mußten, den sie dann niemals zurückzahlen konnten.[18]

Die Schuldknechtschaft beschränkt sich durchaus nicht auf den indischen Subkontinent. Auch in Brasilien »bildet die Verschuldung heute den wichtigsten Mechanismus zur Versklavung«.[19] Nach einer von Anti-Slavery in Auftrag gegebenen Untersuchung sind von dieser alten und zugleich neuen Form der Sklaverei in Brasilien heute Hunderttausende von Menschen betroffen. Die Mehrheit wird in entlegenen Regionen auf Privatgrundstücken gefangengehalten. Dort arbeiten sie angeblich Schulden ab, die ihnen durch Betrug aufgebürdet worden sind und die durch ihre Lebensumstände ständig größer werden. Gewöhnlich handelt es sich um arme Bauern, die mit Versprechungen einer angemessenen Entlohnung angeworben und dann auf Lastwagen über Tausende von Kilometern Entfernung in abgelegene Gebiete verfrachtet werden. Am Zielort erfahren sie, daß ihr tatsächlicher Lohn deutlich unter dem vereinbarten liegt. Da sie auch für Transportkosten, Lebensunterhalt, Unterbringung und Werkzeuge aufkommen müssen, arbeiten sie praktisch umsonst. Sie müssen jede verlangte Aufgabe übernehmen, während die Verschuldung unaufhaltsam wächst. Eine Flucht ist fast unmöglich: Den Opfern werden bei der Ankunft die Ausweispapiere abgenommen. Zudem bewachen bewaffnete Aufseher die Arbeitsstätten. Die Betroffenen leben faktisch im Zustand der Sklaverei.

Die Schuldknechtschaft ist lange Zeit nicht als Form der Sklaverei erkannt worden. Weil sie sich hinter einem Geldtransfer verbirgt, galt sie perverserweise bis

vor ein paar Jahrzehnten noch als legitim. Da es angeblich um eine Vereinbarung zur Tilgung von – oftmals
geringen und scheinbar abbezahlbaren – Schulden
ging, wurde sie von der Sklaverei im eigentlichen Sinn
unterschieden. In Indien ist die Schuldknechtschaft als
nationales Problem erst Anfang der siebziger Jahre
erkannt worden. Und erst 1976 wurde der Bonded
Labour System Abolition Act (Gesetz zur Abschaffung
des Systems der Schuldknechtschaft) verabschiedet.[20]
Das System des *Peshgi* ist in Pakistan mit einem Spruch
des Obersten Gerichtshofs 1988 offiziell für illegal
erklärt worden.[21]

Heute wie früher leben die meisten Schuldknechte
im verborgenen. Im Gegensatz zu den Sklaven früherer
Zeiten haben sie keinen offiziellen Status. Ihre Situation beruht vielmehr auf einem Vertrag zwischen Pri-
vatleuten, der selten schriftlich niedergelegt ist und
sich einer statistischen Erfassung entzieht. Die Schwierigkeiten, das Problem überhaupt wahrzunehmen,
zeigten sich sehr deutlich bei Untersuchungen, die die
indische Regierung Mitte der siebziger Jahre durchgeführt hat. Damals gab die Zentralregierung an die verschiedenen Bundesstaaten entsprechende Fragebögen
aus und erhielt mehrfach zur Antwort, Schuldknechtschaft sei bei ihnen unbekannt. Der Bundesstaat Guja-
rat behauptete, auf seinem Gebiet gebe es nur 42 Fälle,
und Orissa gab 311 Fälle zu. Zu einem ganz anderen
Ergebnis kam dagegen einige Jahre später die National
Sample Survey Organization (NSSO). Nach Abschluß
einer landesweiten Untersuchung schätzte sie die
Anzahl der Opfer auf mindestens 340000 Menschen.
Nach der Gandhi Peace Foundation war der Mißstand

noch weitaus stärker verbreitet: Demnach lebten in ganz Indien ohne den Bundesstaat Orissa mindestens 2 240 000 Menschen in Schuldknechtschaft.[22]

Daß bei der Schuldknechtschaft Geld und Verträge im Spiel sind, verschleiert die Tatsache, daß es sich um ein System der betrügerischen Ausbeutung handelt. Die scheinbare Bezahlung trübt selbst bei den Opfern den Blick dafür, daß sie in die Sklaverei geraten sind, und gibt den Machenschaften der Ausbeuter einen legitimen Anstrich.

Besonders deutlich wird der sklavereiartige Aspekt der Schuldknechtschaft in der Dreiecksbeziehung – zwischen Geldverleiher, Eltern und Kindern –, aus der dann Kindersklaven hervorgehen. Ob ein verschuldeter Vater sich an einen Unternehmer wendet, um bei ihm die Arbeitskraft seines Kindes in Zahlung zu geben, oder ob ihm dies ein Vermittler abnimmt – die Haltungen und Erwartungen sind stets dieselben.

Bei diesem Geschäft ist der Vater gezwungen, sein Kind zu verkaufen, obwohl dieses Wort bei den Verhandlungen nicht gebraucht wird. Als Gegenleistung für den Vorschuß (aus dem bekanntlich die Schuld des Kindes wird) überläßt er dem Besitzer eines Knüpfstuhls, dem Eigentümer einer Ziegelei oder dem Konzessionär einer Mine die Arbeitskraft seines Sohnes. Zu diesem Schritt treiben ihn nicht nur äußerste Not und Hunger: Er sitzt zudem der Täuschung auf, daß sein Kind berufliche Erfahrungen erwirbt und so seine Lebensverhältnisse verbessern kann. Oft sind Erwartungen im Spiel, das Kind werde selbst ein erfolgreicher Unternehmer werden. All diese Hoffnungen führen dazu, daß Eltern den falschen Versprechungen von

Ausbeutern glauben und für ihr Kind sogar Chancen sehen.

Die Kinder, die mit fünf, sechs oder zehn Jahren die Familie verlassen und härteste Arbeit leisten müssen, bringen den Eltern und ihrem Arbeitgeber zwiespältige Gefühle entgegen: Zum einen fühlen sie sich von der Familie abgeschoben und leiden unter den oft unmenschlichen Arbeitsbedingungen. Zum anderen sind sie stolz auf ihre Unabhängigkeit von den Eltern und ihren Beitrag zum Familienunterhalt, derentwegen sie von häuslichen Aufgaben wie der Betreuung jüngerer Geschwister freigestellt sind. Den Arbeitgebern oder Aufpassern, die sie skrupellos ausbeuten und wegen kleinster Verfehlungen schlagen, begegnen sie einerseits mit Furcht, entwickeln zu ihnen aber andererseits auch Bindungen, weil sie an die Stelle der Eltern getreten sind: Sie ernähren sie, kümmern sich in gewisser Weise um sie und sind zudem in ihrem Leben die einzigen Führungsfiguren.

Es ist gerade die zwiespältige Legitimation durch die scheinbare Bezahlung, die es so schwierig macht, diese moderne Form der Sklaverei auszurotten. In Wahrheit beruht die Schuldknechtschaft auf einem System des Betrugs. Wer sich dagegen auflehnt oder zu fliehen versucht, bekommt nackte Gewalt zu spüren. Sie ist allerdings nur selten notwendig, denn meistens reicht seelischer und moralischer Druck – er ist ebenso groß wie einst bei den schwarzen Sklaven auf den Plantagen der Neuen Welt –, um diese Opfer ebenso intensiv auszubeuten wie einst die Vorgänger in früheren Jahrhunderten. Schuldknechte sind ihrem Arbeitgeber völlig ausgeliefert, sie sind austauschbares Menschenmaterial, das der Herstellung von Waren dient, die auf den heimischen und internationalen Märkten hohe Gewinne erzielen.

Kindersoldaten

Viele neuen Formen der Sklaverei basieren, wie mehrfach erwähnt, im Gegensatz zur früheren Sklaverei ausschließlich auf der wirtschaftlichen Ausbeutung der Opfer. Eine alte Form der Sklaverei hat allerdings überlebt: die Zwangsrekrutierung von Männern und Jungen, die in nationalen Armeen oder in lokalen Banden gezwungen werden, Kriege auszufechten – bisweilen gegen die eigene Volksgruppe.

Verbreitet ist diese Praxis heute vor allem in Afghanistan, Sierra Leone, Sri Lanka, Uganda und im Sudan. Sie ist besonders verwerflich, weil es sich bei den Zwangsrekrutierten größtenteils um Minderjährige handelt. Nach Schätzungen dienen heute in den Armeen der Welt ungefähr 300 000 Kindersoldaten. Zwar haben viele fast schon das achtzehnte Lebensjahr vollendet, doch sind Zigtausende von ihnen Jugendliche.[23] Aus ihren Familien herausgerissen, durchlaufen sie eine barbarische Ausbildung, bei der sie foltern und töten lernen. Anschließend dienen sie entweder selbst als Soldaten oder als Sklaven für Soldaten.

Erschreckende Ausmaße hat die Zwangsrekrutierung vor allem im Sudan angenommen. Dort ist im Zuge des Bürgerkrieges, der um die Mitte der achtziger Jahre zwischen den muslimischen Arabern im Norden und der vorwiegend christlichen und animistischen schwarzen Bevölkerung im Süden ausgebrochen ist, eine jahrhundertealte Praxis wieder auferstanden: Schon die Pharaonen verstärkten ihre Heere durch Tausende Schwarzer, die auf Beutezügen in den Gebieten des heutigen Sudans in Gefangenschaft gerieten. Wiederbelebt wurde diese Praxis, die sich sporadisch über die Jahrhunderte hielt, mit der Eroberung des Landes durch die Truppen des Vizekönigs von Ägypten Mohammed Ali Pascha: So wurden Mitte des 18. Jahrhunderts mehrere Militärexpeditionen zur Menschenjagd in den heutigen Südsudan entsandt. Hunderte von Gefangenen des Vizekönigs arbeiteten anschließend nicht nur auf Feldern und in Manufakturen, sie bildeten vor allem »das schwarze Heer seiner Träume«.[24]

In den folgenden Jahrzehnten nutzten europäische und arabische Händler in wachsendem Maß schwarze Sklaven bei der Erkundung des oberen Nils, wo sie nach Elfenbein und Handelspartnern suchten: Die bewaffneten Stützpunkte, die sie ab Mitte des 19. Jahrhunderts entlang dem Nil und im Dschungel des Südsudans errichteten, schützten Abteilungen schwarzer Sklaven.[25] Trotz der Verbote der Briten, die 1899 das Land besetzten, war in den ersten Jahrzehnten des 20. Jahrhunderts die Haltung von Haussklaven eine häufige und geduldete Praxis. Nach Schätzungen waren ungefähr 15 bis 20 Prozent der Gesamtbevölkerung in den nördlichen Provinzen des Landes Sklaven.

Erst nach dem Ersten Weltkrieg wurden konkrete Maßnahmen zur Beseitigung der Sklaverei unternommen, worauf diese tatsächlich drastisch zurückging. Eine ähnliche Politik schlug nach der Unabhängigkeit auch die sudanesische Regierung ein. Bis zum Ende der siebziger Jahre startete sie verschiedene Initiativen, um die Integration der verschiedenen ethnischen Gruppen im Land zu fördern.[26]

Die Erfolge eines halben Jahrhunderts wurden von dem Bürgerkrieg, der seit Mitte der achtziger Jahre das Land im Würgegriff hält, wieder zunichte gemacht. Seither greifen beide Seiten regelmäßig auf Zwangsrekrutierungen von Soldaten zurück. Bekannt ist beispielsweise, daß die Rebellenarmee im Süden zum Teil Zwölfjährige rekrutiert – unter Zwang oder mit dem falschen Versprechen, sie erhielten eine Ausbildung und ein kleines Einkommen.[27] Aber auch die reguläre Armee und die von der Regierung unterstützten arabischen Milizen werben mit Gewalt oder durch Betrug Jugendliche zum Kampf im Heiligen Krieg gegen die Rebellen im Süden an.

Um den Rebellen die Unterstützung zu entziehen, führten die arabischen Milizen – nach den gleichen Quellen – in den Dörfern im Süden Hunderte von Raubzügen durch, bei denen die Männer getötet und die Frauen und Kinder verschleppt wurden. Betroffen waren vor allem die Völker der Dinka und Nuba, die sich traditionell gegen die Araber aus dem Norden auflehnen. Die erbeuteten Menschen wurden in den Norden des Sudans verschleppt und dort weiterverkauft oder in den Haushalten und auf dem Grundbesitz von Milizionären zu Sklavenarbeit gezwungen.[28] Eine Schätzung, wie viele solchen Praktiken zum Opfer gefallen sind, ist schwierig; es sollen Zigtausende sein. Nach Anti-Slavery International »gibt es wahrscheinlich kein Dorf im Norden, das nicht über eigene Sklaven verfügt«.[29]

Einen zuverlässigen Hinweis geben hier die Preise, die wie bei jeder Ware mit zunehmendem Angebot gesunken sind: 1987 brachte ein Junge aus dem Stamm der Dinka ungefähr 60 sudanesische Lire, im folgenden März war sein Marktwert auf die Hälfte und im Oktober des gleichen Jahres auf ein Sechstel gefallen. Demnach entsprach 1987 der Marktwert eines Menschen ungefähr dem einer automatischen Waffe, deren Preis bei ungefähr 70 Lire lag. Ende des folgenden Jahres brachte die gleiche Waffe im Tauschhandel sechs oder sieben Kindersklaven ein.

Die geraubten Kinder werden zu jeder Art Tätigkeit herangezogen. Sie müssen die Launen ihrer Besitzer ertragen und alle Wünsche erfüllen. Wie Menschenrechtsorganisationen berichten, wurden einige auch in Militärcamps zu Soldaten ausgebildet. Als Kindersoldaten dienen zudem einige der zahlreichen Minderjährigen, die bei den häufigen Razzien in Karthum und anderen Städten im Norden aufgegriffen werden. Diese zumeist aus dem Süden stammenden Kinder werden in Sammellagern interniert und leben unter erbärmlichen Bedingungen. Viele der so rekrutierten Soldaten sind Jugendliche. Einige waren bei der Rekrutierung noch keine zehn Jahre alt.[30]

Die Verbindung zum globalen Markt

Sieht man von zwangsrekrutierten Kindersoldaten und von den zu Anfang des Kapitels erwähnten Haussklaven ab – von ihnen wird noch die Rede sein –, so dient die Versklavung von Millionen von Menschen in erster

Linie dazu, für profitgierige Unternehmer Güter zu produzieren oder Dienstleistungen zu erbringen.

Es gibt zahlreiche weitere Formen übelster Ausbeutung, die dafür sorgen, daß Millionen Menschen in Asien, Lateinamerika und Afrika unter menschenunwürdigen Verhältnissen leben. Wir verzichten an dieser Stelle darauf, diese traurige Aufzählung fortzuführen. Wichtig ist ein entscheidender Punkt: Die modernen Formen der Sklaverei betreffen nicht nur die armen Länder, sondern auch uns als einen aktiven Teil des globalen Marktes.

Wachsende Einschränkungen beim Zuzug von Ausländern in die entwickelten Länder haben in den letzten zwanzig Jahren eine Einrichtung wieder aufleben lassen, von der im zweiten Kapitel die Rede gewesen ist: die *Indentured Labour,* die beschriebene Zwangsarbeit auf Vertragsbasis: Sie ermöglichte im 17. und 18. Jahrhundert Tausenden von Europäern die Einwanderung nach Amerika und im 19. Jahrhundert die Ausbeutung von Millionen asiatischer Arbeiter in den europäischen Kolonien. Diese Form der Ausbeutung schien fast schon ausgestorben, aber inzwischen erlebt sie wieder eine Blütezeit: in der legalen und der illegalen Einwanderung.

Einige Jahre *Indentured Labour* sind häufig der Preis, der für die illegale Einwanderung in die USA oder ein westeuropäisches Land gezahlt werden muß. Durch ihre Verschuldung sind alljährlich Tausende illegaler Einwanderer zu härtester und gesundheitsschädigender Knochenarbeit in sogenannten *Sweatshops* gezwungen, damit sie die Kosten für ihre Einschleusung zuzüglich Wucherzinsen abzahlen können.

Die häufigsten Opfer sind Chinesen. Für den Transfer in ihr Bestimmungsland müssen sie Tausende von Kilometern zurücklegen, mehrere Grenzen überwinden und dafür umgerechnet zwischen 18 000 und 50 000 DM bezahlen. Wie Untersuchungen von Ermittlern in den letzten Jahren ergaben, üben die Schleuserorganisationen über die illegalen Einwanderer mehrere Jahre lang eine strenge Kontrolle aus. Sie verdienen an ihrer Arbeit in Restaurants oder Handwerksbetrieben und zwingen sie manchmal zur Beteiligung an illegalen Geschäften im Drogenschmuggel, im Waffenhandel oder in der Prostitution.[31]

Ein etwas anderes Bild ergibt sich aus einer Untersuchung Mitte der neunziger Jahre. Dabei wurden 300 der mehreren hunderttausend Chinesen interviewt, die ohne Aufenthaltsgenehmigung in New Yorks Chinatown leben.[32] Ihre Berichte deuten eher darauf hin, daß die *Indentured Labour* entgegen den Erwartungen gar nicht so sehr verbreitet ist: Demnach haben die meisten der ungefähr 50 000 Chinesen, die alljährlich illegal in die Vereinigten Staaten einwandern, für die Schleusung bei der Abreise eine Anzahlung geleistet. Den Restbetrag müssen sie sofort bei der Ankunft auftreiben.

Das bedeutet freilich nicht, daß der Einstand in die Existenz als Illegaler schmerzlos verläuft. Gleich bei der Ankunft werden die Einwanderer von Jugendbanden im Dienst der »Snakeheads« – der Drahtzieher der Schleuserbanden – in Gewahrsam genommen und erst wieder freigelassen, wenn die Familien in China die verbleibende Schuld beglichen haben. Bleibt die Restzahlung aus, werden sie bedroht, geschlagen und sexuell mißbraucht. Die Frauen, so wußten Interviewte zu berichten, werden nach einigen Wochen ausbleibender Zahlung zur Prostitution gezwungen, die Männer in Handschellen ohne Essen in kleinen Verschlägen zusammengepfercht und regelmäßig zusammengeschlagen.[33]

Zahlreiche Güter, die von Sklavenarbeitern in Entwicklungsländern hergestellt werden, landen als Import in den Industrieländern: So die Teppiche, die Schuldknechte in Südasien knüpfen, das Gold und die Mineralien, die von Sklavenarbeitern in den Regenwäldern Amazoniens gefördert werden, oder Holz aus brasilianischen Urwäldern. Und auch die vielen Produkte, die illegale Einwanderer in *Sweatshops* herstellen, kommen als Billigwaren den Verbrauchern und Industriezweigen in den entwickelten Ländern zugute.

In anderen Fällen dient die Versklavung von Menschen dazu, die zahlungskräftige Kundschaft aus dem Westen ins Land zu locken. Das Billigangebot an Sex, das auf der Versklavung von Frauen und Kindern beruht, spielt hier, wie erwähnt, die wichtigste Rolle.

Selbst wenn die Produkte aus der Zwangsarbeit direkt im Erzeugerland verkauft und verbraucht werden, haben die Regeln des globalisierten Marktes großen Einfluß. Die Verbreitung der Marktwirtschaft bis in die hintersten Winkel der Welt, das Ende von Abschottung und Protektionismus haben die Voraussetzungen geschaffen, daß immer mehr Menschen neuen Formen der Sklaverei zum Opfer fallen. Im Zuge eines globalisierten Kapitalismus steigen auch das Angebot und die Nachfrage nach billigen Arbeitskräften – oder nach Zwangs- oder Sklavenarbeitern.

Gerade in einem deregulierten Kapitalismus ist die Versuchung groß, Herstellungskosten vor allem durch eine Senkung von Lohnkosten herabzudrücken. Und wo die Herstellung in dünnbesiedelte und unwirtliche Regionen verlagert wird, wird der Einsatz moderner Sklavenarbeiter eine immer aktuellere Möglichkeit.

Daß das freie Spiel der Kräfte des Marktes in der Güterproduktion Ausbeuterpraktiken fördert, belegt der ausufernde Einsatz von Kinderarbeitern. Von den 250 Millionen Kindern, die heute in den Entwicklungsländern arbeiten müssen, sind ungefähr 20 Prozent in Manufakturen, Minen, auf Baustellen oder als Dienstleister beschäftigt.[34] Falsch ist das Argument, wonach Minderjährige benötigt würden, weil der Arbeitsmarkt an Erwachsenen leergefegt sei.

In Wahrheit sind in den meisten Ländern, in denen Kinder und Jugendliche ausgebeutet werden, gleichzeitig Erwachsene arbeitslos. Der Einsatz von Minderjährigen in der Industrie und im Dienstleistungsbereich hat vielmehr ganz andere Ursachen. Und auch das häufig angeführte Argument, wonach man in bestimmten Industriezweigen – etwa der Teppichknüpferei oder der Montage elektronischer Bauteile – auf die geschickteren Finger von Kindern nicht verzichten könne, ist nach dem Internationalen Arbeitsamt (IAA) in der Praxis nicht nachweisbar.

Tatsächlich hat eine Untersuchung in mehr als 2000 Teppichmanufakturen ergeben, daß Kinder allgemein weder schneller noch geschickter knüpfen als Erwachsene. Und einige der besonders fein geknüpften Teppiche werden schon jetzt ausschließlich von Erwachsenen hergestellt. In Wahrheit greift man auf Kinder lieber deshalb zurück, weil sie schlechter bezahlt – die Einsparungen sind nach dem IAA mit durchschnittlich knapp 10 Prozent allerdings erstaunlich gering – und vor allem gefügiger sind: »Kinder lassen sich leichter führen. Sie kennen weniger ihre Rechte und machen weniger Probleme. Sie sind gehorsamer und zuverlässiger und fehlen seltener bei der Arbeit.«[35]

Vielschichtiger ist der Einfluß der Marktwirtschaft auf die Angebotsseite der Sklavenarbeit. Ein Teil der neuen Sklaven wird gewaltsam zu kostenlosen Arbeitsleistungen gezwungen. In der Mehrheit der Fälle ist allerdings Heimtücke im Spiel, denn die Opfer begeben sich scheinbar freiwillig in das Abhängigkeitsverhältnis – wobei der Schritt mit von der Hoffnung diktiert ist, sich aus dem Elend herauszuarbeiten.

In diesem zweiten Fall spielt der Vormarsch der Marktwirtschaft eine bedeutende Rolle: Er zwingt nämlich viele Bauern, die bislang von Subsistenzwirtschaft lebten, Güter für den Markt herzustellen und sich zum Überleben ein minimales Einkommen zu sichern.

Viele sind dabei gezwungen, vom Dorf in die Stadt zu ziehen und eine Existenz als Proletarier zu führen. Andere, die den Lockungen der marktwirtschaftlich orientierten Gesellschaft nicht widerstehen können, ziehen aus freien Stücken in eine Großstadt im In- oder Ausland und hoffen dadurch, die immer größere Kluft zwischen wachsenden Konsumansprüchen und schrumpfenden Möglichkeiten zu ihrer Befriedigung zu überbrücken.[36]

Dieser Wandel in der Gesellschaft muß auf lange Sicht nicht nur negative Konsequenzen haben. Während der Verstädterung in Europa und Nordamerika haben sich zwar die Lebensbedingungen der Einwanderer deutlich verschlechtert, doch hat die Entwicklung auf lange Sicht die Wirtschaft wachsen lassen – mit zahlreichen positiven Auswirkungen: So waren die allgemeine Schulpflicht, das allgemeine Wahlrecht, die Bürgerrechte, die Emanzipation der Frau und die gestiegene Lebenserwartung als gesellschaftliche Errungenschaften allesamt in irgendeiner Weise an die Einführung der Marktwirtschaft geknüpft.

Es ist schwer abzusehen, ob und in welchem Maß die übrigen Länder, die am globalen Markt teilhaben, von diesen Vorteilen profitieren werden. Sicher ist hingegen, daß die Übergangsperiode, wenn davon die Rede sein kann, vielen Formen der Ausbeutung den Weg ebnet. In die Fallen, die sich hier auftun, sind schon Zigmillionen von Menschen überall in der Welt hineingeraten.

In den Dörfern der Dritten Welt müssen heute Millionen von Kindern Vieh und Felder versorgen, weil ihre Väter in den Städten einer bezahlten Arbeit hinterherjagen. Und während auf dem Land Kinder die Arbeit der Eltern tun, verdienen in den Städten Scharen minderjähriger Mädchen ihr erstes Geld mit Sklavenarbeiten in fremden Haushalten – ein harter und teuer erkaufter Einstieg ins marktwirtschaftliche Erwerbsleben.

Obwohl Untersuchungen zur globalen Entwicklung der Kinderarbeit noch fehlen, deutet vieles darauf hin, daß die Anzahl der ausgebeuteten Minderjährigen nach dem Zweiten Weltkrieg in fast allen bedeutenden Entwicklungsländern dramatisch gestiegen ist.

So zum Beispiel in Nepal. In den fünfziger Jahren arbeiteten 28 Prozent aller Kinder zwischen zehn und vierzehn Jahren. Bis 1971 stieg dieser Anteil auf 50 Prozent, und 1981, dem letzten erfaßten Jahr, gingen 58 Prozent aus dieser Altersgruppe einer Erwerbstätigkeit nach.[37]

Vom Vormarsch und der Intensivierung der Ausbeutung durch die Einführung der Marktwirtschaft sind freilich nicht nur Kinder betroffen. Unabhängig von der Altersgruppe gibt es heute deutlich mehr Schuldknechte als in der Vergangenheit: Zwar kennt man diese Form der Ausbeutung seit der klassischen Antike, doch ist ihre rasche Verbreitung ab der zweiten Hälfte des 19. Jahrhunderts eng mit dem Vormarsch des marktwirtschaftlichen Systems verbunden.[38]

Einen wahren Siegeszug trat die Schuldknechtschaft anschließend auf dem gesamten indischen Subkontinent an: Immer mehr Menschen gerieten hier in den letzten dreißig Jahren durch Schulden in eine unüberwindbare Abhängigkeit und/oder waren sogar gezwungen, ihre Kinder »zu beschäftigen«, so das Ergebnis einer Untersuchung, die Mitte der achtziger Jahre in drei Bezirken des Bundesstaates Karnataka in Südindien durchgeführt wurde.

Etwa 50 Prozent der 105 Schuldknechte, die im Verlauf der Studie befragt wurden, waren Kinder freier Eltern gewesen, die zumeist eigenen oder fremden Boden bewirtschaftet oder den Beruf ihrer Kaste ausgeübt hatten. Nur in 22 Fällen war schon der Vater sein ganzes Leben Schuldknecht gewesen, während die Eltern von 33 weiteren Befragten durch eigene wirtschaftliche Schwierigkeiten in die Schuldknechtschaft

geraten waren.[39] Die Gründe für die dramatische Zunahme dieser Form der Ausbeutung werden so zusam-
mengefaßt:

»Vor einigen Jahren war das Leben einfach und die
Ausgaben begrenzt, so daß auch das knappe Einkommen eines Vaters eine Familie ernähren konnte. Nach
der Unabhängigkeit und infolge der industriellen Revolution hat sich der Lebensstil der Menschen plötzlich
stark verändert. Dieser Umwälzung entgangen sind
nicht einmal die ländlichen Regionen. Selbst für die
einfachen Bauern wurde das Leben teurer und kompli-
zierter: Deshalb mußten Väter ihre – jugendlichen wie
kleinen – Kinder beschäftigen und sie als Gegenleistung für ein kleines Darlehen bei Dritten als Knechte
arbeiten lassen. Dabei war unter den Angehörigen der
untersten Kasten und Schichten eine Gemeinsamkeit
zu beobachten: Die meisten Väter gingen der traditionellen Arbeit ihrer Kaste nach, aber als die äußeren
Umstände sich änderten, mußten sie Ausschau nach
anderen Erwerbsquellen halten. Und so zwangen sie
ihre Kinder außerhalb des durch die Kaste festgelegten
Berufs, als Schuldknechte zu arbeiten.«[40]

Der Vormarsch der Marktwirtschaft hatte für die
Schuldknechtschaft – auf die Nachfrage wie auf das
Angebot – deutlich sichtbare Folgen. Mit der wachsenden Zahl Bauern und Handwerkern, die in den Arbeitsmarkt drängen und Einkünfte erzielen mußten,
gerieten immer mehr in die Schuldknechtschaft. Diese
Form der Sklaverei bildete auf dem gesamten indischen
Subkontinent die wichtigste Grundlage dafür, daß neue
vor- und frühkapitalistische Unternehmen entstanden
oder daß bestehende sich im internationalen Wettbe-

werb behaupten konnten: dank drastisch verringerter Arbeitskosten.

Beispielhaft sind hier die Steinbrüche im Bezirk Faridabad im indischen Bundesstaat Haryana. Ihre billige Bewirtschaftung beruht nicht auf neuen Maschinen und modernen Techniken, sondern auf der skrupellosen Ausbeutung Hunderter von Zuwanderern aus Nachbarbezirken, die dank der Schuldknechtschaft in gefügige Arbeitssklaven verwandelt wurden. Nach einer Untersuchung, die Ende der achtziger Jahre im Auftrag des indischen Obersten Gerichtshofs entstanden ist, handelt es sich bei diesen Betrieben »um eine technisch überholte Industrie, die dank eines dauerhaften Überangebots an billigen und austauschbaren Arbeitskräften prosperiert. Das verarmte bäuerliche Hinterland beliefert sie mit einem kontinuierlichen Zustrom an entwurzelten und mittellosen Analphabeten aus traditionell unterdrückten Gemeinschaften, vor allem aus den diskriminierten Kasten und Stämmen. Und diese Arbeiterschaft muß sich auch weiterhin aus entwurzelten, mittellosen und unterdrückten Analphabeten zusammensetzen, weil diese leicht zu ersetzen sind und die Industrie sich so weiterhin gut mit billigen Arbeitskräften versorgen kann. [...] In dieser Industrie werden enorme Gewinne von Unternehmern erwirtschaftet, die weder über Berufserfahrung noch über besondere Fähigkeiten verfügen. Sie greifen auf eine überholte Technik zurück, ohne in Modernisierung, Forschung und Entwicklung zu investieren und ohne für Personalkosten aufzukommen.«[41]

Daß die Kräfte des Marktes auch das Angebot an und die Nachfrage nach Sklavenarbeitern regeln, zeigt deutlich der Fall der häuslichen Sklaverei. Wie wir gesehen haben, bildet diese Art der Beschäftigung vielfach den Einstieg in den Arbeitsmarkt für ein Heer von – vornehmlich weiblichen – unqualifizierten Arbeitskräften, die auf der Suche nach einem Broterwerb in die Städte strömen. Die Nachfrage nach Haushaltshilfen bestimmen der traditionelle Lebensstil der oberen Gesellschaftsschichten wie auch der gesellschaftliche und wirtschaftliche Wandel, der sich in den letzten hundert Jahren vollzogen hat: Hausangestellte werden seit eh und je von wohlhabenden Familien beschäftigt, die aus repräsentativen Gründen und wegen der geringen Kosten alle möglichen Arbeiten durch andere erledigen lassen. Zugleich ersetzen Dienstmädchen aber auch die emanzipierten Frauen, die in den letzten vierzig Jahren die klassische Frauenrolle abgelegt haben und selbst außer Haus arbeiten: Gerade diese Entwicklung hat seit dem Zweiten Weltkrieg weltweit zu einer stark gestiegenen Nachfrage nach Frauen geführt, die alle möglichen Formen von Hausarbeit übernehmen.

Ein typisches Beispiel anderer Art sind, wie erwähnt, die Staaten des Persischen Golfs. Wie viele Menschenrechtsvereinigungen feststellten, arbeitet ein bedeutender Anteil der dort beschäftigten ausländischen Frauen unter sklavereiartigen Bedingungen. Besonders interessant ist der Aufschwung, den dieser Sektor des Arbeitsmarktes erlebt hat. Eine eingehende Betrachtung zeigt nämlich sehr deutlich, daß das Zusammenspiel zwischen Nachfrage nach und dem Angebot an ausbeutbaren Arbeitskräften hier in Zusammenhang mit der Entwicklung der globalen Wirtschaft gesehen werden muß. Von ihr hängt es schließlich auch mit ab, in welcher Weise und wann sich der Arbeitsmarkt belebt, unabhängig davon, ob es sich um die Nachfrage nach gewöhnlichen Arbeitskräften oder um moderne Formen der Sklaverei handelt.

So leiden Saudi-Arabien, Kuwait und die Vereinigten Arabischen Emirate seit Entdeckung der großen Erdölvorkommen in den dreißiger Jahren des 20. Jahrhunderts unter einem chronischen Mangel an Arbeitskräften. Vor dem Zweiten Weltkrieg war die gesamte Arabische Halbinsel britisches Protektorat, das der indischen Kolonialverwaltung unterstand. Zum Aufbau der Erdölindustrie wurden deshalb Tausende von Indern nach Saudi-Arabien und Bahrain verfrachtet. In den fünfziger und sechziger Jahren holten die inzwischen unabhängig gewordenen Golfstaaten ihre Arbeitskräfte vor allem aus ihren Nachbarstaaten ins Land. Anfang der sechziger Jahre warben sie dann zusätzlich eine erhebliche Zahl von Arbeitskräften im südostasiatischen Raum an. Diese waren billiger, anspruchsloser und breiter qualifiziert als die aus dem Mittleren Osten. Angelockt von der Aussicht auf höhere Einkommen begannen daraufhin Arbeiter und Arbeiterinnen aus Indien, Pakistan, Bangladesch, Südkorea, den Philippinen und später auch aus Thailand, Sri Lanka und Indonesien in die Golfregion zu strömen.

Die Ölkrise von 1973 bescherte allen Golfstaaten einen unverhofften Reichtum und heizte die Nachfrage nach Arbeitskräften weiter an. Derweil verschlechterten sich zugleich die Lebensbedingungen in den Entwicklungsländern, weil gestiegene Ölpreise die Handelsbilanzen ins Defizit trieben.

Die Lösung dieser gegensätzlichen Entwicklungen

bestand ganz offensichtlich in der Ausfuhr von Arbeitskräften aus Südostasien in die Golfstaaten: Die ärmeren Länder sicherten sich so einen Zustrom an ausländischen Devisen, während die Golfstaaten den erhöhten Bedarf an Arbeitskräften zumindest teilweise decken konnten. Zwischen 1977 und 1987 kamen in die Erdölförderstaaten am Golf so 1,8 Millionen Inder, zwei Millionen Filipinos sowie eine Million Pakistani und Koreaner,[42] darunter Ingenieure, Ärzte, Krankenschwestern und verschiedene Techniker. Für unqualifizierte Arbeitskräfte und für Frauen, die keine Stelle in ihrem Beruf fanden, blieb die Arbeit in einem Haushalt die einzig mögliche Alternative.

Die Nachfrage nach Hauspersonal war mit den höheren Einkommen in der Region enorm angewachsen und blieb auch während der achtziger und neunziger Jahre, als andere Bereiche – vor allem das Baugewerbe – durch den Preisverfall beim Öl in die Krise gerieten, unvermindert hoch. Die Nachfrage nach Haushaltshilfen hängt im allgemeinen nicht nur von der Kaufkraft, sondern auch von Veränderungen in der Familienstruktur ab: Während die Lebensansprüche und Repräsentationsbedürfnisse wachsen, gibt es in den Familien immer weniger Frauen, die zur Erfüllung häuslicher Arbeit bereit sind.

Um diese Lücke auszufüllen, muß ersatzweise auf den Arbeitsmarkt zurückgegriffen werden. In Ländern wie den Golfstaaten mit chronischem Arbeitskräftemangel sprangen deshalb Haushaltshilfen aus dem südostasiatischen Raum ein. Nach Schätzungen reisen nach wie vor alljährlich ungefähr 30000 Asiatinnen als Haushaltshilfen nach Saudi-Arabien ein. 1985 stellten

Dienstmädchen aus Sri Lanka 57 Prozent aller ausländischen Arbeiterinnen im Mittleren Osten. Ungefähr 20 Prozent der zugewanderten Arbeitskräfte am Golf sind Dienstmädchen, die zugleich die wichtigste Gruppe auf dem Arbeitsmarkt für Frauen in der Region stellen.[43]

Die Exportländer dieser Arbeitskräfte sind mit der Zeit von deren Geldüberweisungen aus dem Ausland in immer stärkerem Maß abhängig geworden – in ähnlicher Weise wie vor einigen Jahrzehnten viele italienische Regionen auf das Geld angewiesen waren, das Gastarbeiter in Deutschland nach Hause überwiesen. Bei den Drittweltstaaten, die seit den siebziger Jahren Arbeitskräfte exportierten, ist dies in noch viel stärkerem Maße der Fall: Deren Ersparnisse spielen in der Tat bei der Tilgung von Auslandsschulden eine wesentliche Rolle. Die großzügig gewährten Kredite der siebziger Jahre waren übrigens eben durch die Petrodollars finanziert worden, die arabische Scheichs auf den Banken reicherer Länder deponiert hatten.

Ein typisches Beispiel sind die Philippinen: 1965 betrugen die Auslandsschulden des Inselstaates ungefähr 600 Millionen Dollar. Zwanzig Jahre später waren sie um das Fünfzigfache auf über 28 Milliarden Dollar angewachsen – eine Verschuldung pro Kopf von 502 Dollar in einem Land, in dem jeder Einwohner im Durchschnitt nur 500 Dollar jährlich zum Bruttosozialprodukt beiträgt. Wie viele andere Länder der Dritten Welt waren die Philippinen so in die Schuldenfalle geraten: Nur um Zinsen zahlen zu können, mußten sie immer höhere Kredite aufnehmen.

Zwischen 1987 und 1992 zahlten die Philippinen alljährlich ungefähr 2,3 Milliarden Dollar Zinsen und tilgten durchschnittlich um die 1,3 Milliarden Dollar der ursprünglichen Schuld. In der Spirale der Verschuldung spielten die Einkünfte der Auslandsarbeiter dabei die Rolle des Rettungsankers. Nach Schätzungen überweisen diese Filipinos alljährlich zwischen zwei und drei Milliarden Dollar in ihr Heimatland. Dabei soll nur der kleinere Teil ihrer Devisen über offizielle Kanäle in die philippinische Volkswirtschaft fließen: Die Auslandsarbeiter bevorzugen üblicherweise informelle Kanäle – Freunde oder Privatkuriere –, um Verwandten zu Hause Ersparnisse zu schicken.

Jedenfalls zeigen die Statistiken der Zentralbank, daß Überweisungen von Auslandsarbeitern in der gesamten zweiten Hälfte der achtziger Jahre für das Land die wichtigste Quelle für ausländische Devisen waren. Ihr Gesamtwert liegt nur geringfügig unter dem Erlös für Ausfuhren an Tee, der Hauptindustrie des Landes. »Auf den Philippinen sind die Devisen der Auslandsarbeiter für die Wirtschaftspolitik der Regierung von entscheidender Bedeutung, um das Handelsbilanzdefizit unter Kontrolle zu halten und um die Einfuhren zu finanzieren.«[44]

Die Staaten des Persischen Golfs und die Südostasiens sind so durch sich ergänzende Interessen miteinander verbunden: Die Fremdarbeiter befriedigen am Golf die Nachfrage nach Arbeitskräften und helfen in ihren südostasiatischen Heimatländern den Bedarf an Devisen zu decken. Sie gelten deshalb in beiden Volkswirtschaften als unverzichtbar. Angesichts dieser Interessenverflechtung gerieten leider das Elend und die Verletzung der Rechte vieler dieser Arbeiter aus dem Blickfeld.

Lange Zeit verschloß man vor den Mißständen lieber die Augen. Erst in der zweiten Hälfte der neunziger Jahre sorgten die immer lauteren Anklagen von Menschenrechtsvereinigungen und die Berichterstattung der Medien dafür, daß das Schicksal von Tausenden von Hausangestellten, die unter sklavereiähnlichen Bedingungen arbeiten müssen, in der breiten Öffentlichkeit bekannt wurde. In den letzten Jahren bemühten sich die Regierungen der betreffenden Länder, die Anwerbung und die Arbeitsbedingungen dieser Auslandsarbeiter besser zu regeln.

Bezahlte Hausarbeit ist sicher nicht der einzige Bereich, in dem die Kräfte des globalen Marktes Formen der Sklaverei wieder aufleben ließen. Eine herausragende Rolle spielten sie auch in der neu entstandenen Teppichindustrie, die zum Symbol für die neuen Formen der Sklaverei geworden ist. Nur wenigen ist bekannt, daß die Verbreitung der Teppichherstellung auf dem gesamten indischen Subkontinent – in relativ neuerer Zeit – durch die Entscheidung der Regierung eines anderen Landes ausgelöst wurde: Anfang der siebziger Jahre verbot der Schah von Persien die Kinderarbeit.

Als eine fast unmittelbare Folge verteuerten sich Perserteppiche auf dem Weltmarkt. Daß Kinder in der Produktion jetzt durch Erwachsene ersetzt werden mußten, erhöhte die Lohnkosten bedeutend. Die westlichen Importeure standen vor der Alternative: Entweder sie führten weiterhin Teppiche aus dem Iran ein, setzten die Preise herauf und nahmen sinkende Umsätze und Gewinne in Kauf, oder sie ließen die »persischen« Teppiche anderswo billiger herstellen. Der Markt entschied sich bekanntlich für die zweite Option, worauf der Iran seine Stellung als führender Teppichproduzent an Indien, Pakistan und Nepal abtreten mußte: Diese Länder konnten billiger produzieren, weil sie die Möglichkeit hatten, Kinder- und Sklavenarbeiter zu beschäftigen.

Der Sturz des Schah-Regimes 1979 und die Umwandlung des Irans in eine islamische Republik änderte an dieser Situation nichts. Die Ajatollahs haben das Verbot der Kinderarbeit aufrechterhalten. Zudem zementierte das Handelsembargo, das wegen der Geiselnahme amerikanischer Diplomaten über den Iran verhängt wurde, die Entscheidung westlicher Konsumenten, Teppiche zunehmend aus südasiatischen Ländern zu beziehen.

Schlußfolgerung

Die neuen Formen der Sklaverei stießen bei ihrem Vormarsch in den letzten Jahrzehnten durchaus auf Widerstand. Wie zuvor die Sklaverei in der Neuen Welt, so riefen auch diese Praktiken eine Gegenbewegung auf den Plan, die mit unterschiedlichen Mitteln versucht, ihre weitere Ausbreitung einzudämmen und sie auszumerzen.

Diese spontane Bewegung, die sich die Beseitigung eines gesellschaftlichen Mißstandes zum Ziel gesetzt hat, hat zahlreiche Initiatoren. Eine herausragende Rolle spielen Menschenrechtsvereinigungen. Manche stehen in der Tradition des Abolitionismus aus dem letzten Jahrhundert. So ist Anti-Slavery International (ASI) eine direkte Nachfolgerin der British and Foreign Anti-Slavery Society, die 1839 mit dem Ziel gegründet wurde, »die universelle Ausrottung der Sklaverei und des Sklavenhandels« zu fördern.

Anti-Slavery International – und andere internationale Menschenrechtsvereinigungen – befassen sich heute damit, die Praktiken der Sklaverei in verschiedenen Teilen der Welt anzuprangern, die öffentliche Meinung zu sensibilisieren und verschiedene internationale Organisationen zum Handeln zu drängen. Neben diesen auf breiter Basis operierenden Vereinigungen entstanden in den letzten Jahren kleinere Zusammenschlüsse, die sich auf lokaler Ebene auf bestimmte Erscheinungsformen der neuen Sklaverei konzentrieren.

Die Tätigkeit dieser Menschenrechtsgruppen deckt sich mit der Arbeit internationaler Organisationen, die zumeist den Vereinten Nationen unterstehen. Der Schutz der Menschenrechte und die Abschaffung der Sklaverei in jedweder Form sind zwei der wichtigsten Ziele, die sich die UNO seit ihrer Gründung nach dem Zweiten Weltkrieg gesetzt hat. Artikel 4 der Allgemeinen Erklärung der Menschenrechte, die 1948 von der Vollversammlung ohne Gegenstimme verabschiedet wurde, legt fest: »Niemand darf in Sklaverei oder Leibeigenschaft gehalten werden; Sklaverei und Sklavenhandel sind in allen Formen verboten.«

Der Verwirklichung dieses allgemeinen Zieles dienten in den nächsten fünfzig Jahren zahlreiche konkrete Initiativen. So wurde 1956 das »Zusatzübereinkommen über die Abschaffung der Sklaverei, des Sklavenhandels und sklavereiähnlichen Einrichtungen und Praktiken« verabschiedet. Es aktualisiert und bekräftigt die Konvention von 1926, indem es ausdrücklich sklavereiähnliche Praktiken und vor allem sämtliche Formen der Leibeigenschaft, Schuldknechtschaft und Zwangsehen verbietet. Alle Unterzeichnerstaaten (114 am 31. Dezember 1996) verpflichten sich darin, jeden derartigen Verstoß gegen die Menschenrechte zu verfolgen. In einer 1979 verabschiedeten Konvention gegen die Diskriminierung von Frauen verpflichten sich die Mitgliedstaaten zudem, die notwendigen Maßnahmen zu treffen, um den Handel mit Frauen zu unterbinden.

Im Jahre 1975 rief die UN-Unterkommission, die für

die Verhütung der Diskriminierung und den Schutz von
Minderheiten zuständig ist, einen Ausschuß ins Leben,
der die Verbreitung neuer Formen von Sklaverei beobachten soll: Diese Working Group on Contemporary
Forms of Slavery hat in den letzten Jahren verschiedene
einschlägige Untersuchungen in Auftrag gegeben. Ihre
regelmäßigen Zusammenkünfte entwickelten sich mit
der Zeit zu einem der angesehensten internationalen
Foren, auf denen Nichtregierungsorganisationen Formen der Sklaverei anprangern und auf denen über die
wirksamsten Maßnahmen zur Bekämpfung der Sklaverei beraten wird.[1]

Die Beseitigung jeder Form von Zwangs- und Sklavenarbeit bildet seit den dreißiger Jahren eine der
Hauptaufgaben der Internationalen Arbeitsorganisation (International Labour Organisation, ILO). Die IAO
hat die Konvention Nr. 29 angeregt, die darauf abzielt,
jede Form der Zwangsarbeit abzuschaffen. Diese 1930
verabschiedete Konvention haben 139 Staaten ratifiziert. Eine weitere Konvention von 1975 ebenfalls zur
Zwangsarbeit ist von 118 Staaten ratifiziert worden.
Der IAO kommt die Aufgabe zu, darüber zu wachen,
daß diese Abkommen von allen Unterzeichnerstaaten
auch umgesetzt werden.

Seit Gründung der IAO 1919 schreiben elf von ihr
initiierte Konventionen für den Eintritt ins Arbeitsleben ein Mindestalter fest. Die jüngste und bedeutendste Konvention ist die Nr. 138 von 1973. Sie stellt eine
Zusammenführung voriger Konventionen dar, deckt
alle Bereiche der Arbeit von Minderjährigen ab und
ist von 49 Ländern, darunter 21 Entwicklungsländern,
ratifiziert worden. Sie verpflichtet alle Unterzeichner-

staaten, ein Mindestalter für den Eintritt ins Arbeitsleben festzulegen.

Dieses Alter darf grundsätzlich nicht unter dem
Ende der Schulpflichtigkeit und allgemein nicht unter
fünfzehn Jahren liegen. Länder, deren Wirtschaft und
staatliche Einrichtungen noch nicht ausreichend entwickelt sind, haben dagegen das Recht, dieses Alter
auf vierzehn Jahre abzusenken. Alle Staaten, die das
Abkommen ratifiziert haben, müssen geeignete Maßnahmen zur Beseitigung der Arbeit von Jugendlichen
ergreifen und das Mindestalter für ihren Eintritt ins
Arbeitsleben schrittweise erhöhen, damit Kinder und
Jugendliche sich ungehindert körperlich und geistig
entwickeln können.[2]

In den neunziger Jahren hat die IAO beträchtliche
Mittel in ein Internationales Programm zur Abschaffung der Arbeit von Jugendlichen (IPEC) investiert. Das
1992 mit Geldern der deutschen Bundesregierung ge-
startete Programm operiert inzwischen in 34 Ländern
Zentral- und Südamerikas, Afrikas sowie des Fernen
und Mittleren Ostens. Weitere 19 Nationen verhan-
deln mit der IAO darüber, wie gegen die grassierende
Kinderarbeit auf ihrem Staatsgebiet vorgegangen werden soll. Zu den gegenwärtigen Geberländern gehören
Australien, Frankreich, Norwegen, Italien, die USA, die
Schweiz und Großbritannien.

Das IPEC hilft den Ländern dabei, die Ursachen für
die Kinderarbeit und deren Ausmaße aufzuspüren, den
dringendsten Handlungsbedarf auszumachen und konkrete Maßnahmen zur Beseitigung einzuleiten. Dabei
variiert das Engagement des IPEC, das bereits über
1100 Mal in Aktion getreten ist, von Land zu Land, je

nach der Situation und den Zielen der betreffenden Regierungen. Vorrang haben freilich die übelsten Formen von Kinderarbeit, insbesondere die Ausbeutung von Kindern durch Schuldknechtschaft.[3]

Nicht vergessen werden dürfen zum einen die Arbeit der UNICEF, des Kinderhilfswerks der Vereinten Nationen, das jede Art der Ausbeutung von Kindern bekämpft, und zum anderen eine UN-Konvention, die eine wichtige Etappe auf dem Weg zur Anerkennung der Rechte von Minderjährigen darstellt: die Konvention zu den Rechten des Kindes von 1989, die am 2. September 1990 in Kraft getreten und von 187 Staaten (zum 31. Juli 1996) ratifiziert worden ist.

Nach der Konvention genießen Kinder Schutz vor Ausbeutung und dürfen nicht zu Arbeiten gezwungen werden, die gefährlich sind, ihre Ausbildung beeinträchtigen oder ihrer Gesundheit bzw. ihrer körperlichen und geistigen Entwicklung schaden können. Sie verpflichtet die ratifizierenden Staaten, sämtliche für die Umsetzung notwendigen Maßnahmen zu ergreifen: So müssen sie insbesondere für den Eintritt ins Arbeitsleben ein oder verschiedene Mindestalter festsetzen, die Arbeitszeiten und -bedingungen geeignet regeln und Verstöße angemessen ahnden.

Die Bedeutung der Konvention von 1989 kann nur vor dem Hintergrund ihrer historischen Entwicklung richtig eingeschätzt werden. (Allerdings gibt es zahllose Verstöße in vielen Teilen der Welt. Die UNO hat eigens eine Kommission zur Überwachung ihrer Einhaltung gebildet.) Jedenfalls mußte bei den Rechten von Kindern und bei der Kinderarbeit – im kollektiven Bewußtsein wie bei den nationalen und internationalen Institutionen – in den vergangenen 150 Jahren ein unvermutet langer Weg zurückgelegt werden.

Bis vor etwas mehr als hundert Jahren galt Kinderarbeit in weiten Teilen der Welt, Europa eingeschlossen, als legitim. Auf dem Alten Kontinent waren Kinder sogar die schutzlosesten Opfer der gewaltigen gesellschaftlichen Umwälzungen, die die industrielle Revolution hervorgerufen hatte.

Die vorbehaltlose Verurteilung von Kinderarbeit – wie auch der Sklaverei – ist eine relativ junge Errungenschaft. Zur Beseitigung ihrer schlimmsten Formen sind in den letzten Jahrzehnten zahlreiche Initiativen gestartet worden. Neben den Aktionen internationaler Organisationen befaßten sich mit dem Problem auch zahlreiche Nichtregierungsorganisationen und die Massenmedien in den entwickelten Ländern.

So berichtete 1994 beispielsweise ein Fernsehsender in Deutschland (damals das wichtigste Abnehmerland für Teppiche aus Nepal) über die Arbeitsbedingungen der Kinder an den Knüpfstühlen. Daraufhin ging dort der Absatz an nepalesischen Teppichen in einigen Monaten deutlich zurück. Wie zahlreiche unabhängige Organisationen bestätigten, verringerten die Hersteller daraufhin drastisch den Anteil an Kinderarbeitern in der Fertigung – wenn auch nur, um verlorene Marktanteile in Europa zurückzugewinnen.[4]

Auch die wichtigsten anderen europäischen und nordamerikanischen Fernsehsender strahlten in den neunziger Jahren Reportagen über die Produktionsweise von Teppichen aus. Starker öffentlicher Druck sorgte daraufhin dafür, daß Regierungen und Parlamente sich mit dem Thema auseinandersetzten. Im

amerikanischen Kongreß wurde ein Gesetzentwurf ein-
gebracht, der die Einfuhr aller von Kinderhand gefer-
tigten Produkte in die USA verbietet.

In den letzten Jahren mußten zahlreiche große und
mittelständische Unternehmen zu Vorwürfen Stellung
beziehen, sie vermarkteten Produkte, die mit Hilfe von
Zwangsarbeit und der Ausbeutung Minderjähriger entstanden seien. Viele erlegten sich selbst einen Kodex
auf, der die Nutzung von Kinderarbeit verbietet.[5]

Die Unternehmen haben großes Interesse an der Umsetzung dieser Regeln: Der bloße Verdacht, sie beschäftigten Minderjährige oder ließen Mitarbeiter unter
sklavereiähnlichen Bedingungen schuften, würde einen
gewaltigen Imageverlust bedeuten – mit einem möglichen Kurssturz ihrer Aktien und einem Preisverfall ihrer
Produkte, die alle durch Ausbeutermethoden erworbenen Wettbewerbsvorteile wieder zunichte machen
würden.

Manche Menschenrechtsvereinigungen befürchten
indes, die von zahlreichen multinationalen Konzernen
kürzlich eingeführten Maßnahmen seien vor allem
kosmetischer Natur: Sie zielten vornehmlich auf die
Beschwichtigung verunsicherter westlicher Konsumenten. Viele Nichtregierungsorganisationen sind deshalb
der Meinung, die guten Absichten und Gesten müßten
auch von unabhängigen Kontrollen bei der Rekrutierung und Beschäftigung von Arbeitskräften begleitet
werden.[6]

Sicher ist jedenfalls, daß die Vorkämpfer für die
Befreiung von Sklaven – vor allem in den Entwicklungsländern – noch heute hohe persönliche Risiken
eingehen. Wenn ihre Vorwürfe vitale wirtschaftliche

Interessen berühren, müssen sie ihr Engagement zuweilen mit dem Verlust ihres Arbeitsplatzes oder sogar mit ihrem Leben bezahlen. Ein tragisches Beispiel ist der tapfere Kampf des jungen Pakistani Iqbal Masih.

Iqbal Masih wurde wie viele andere Kinder schon im Alter von vier Jahren auf dem Land zum Sklaven eines Teppichfabrikanten. Sechs Jahre lang lernte er nichts anderes kennen als Arbeit und Prügel. Mit zehn Jahren entfloh er seinem Arbeitgeber und fand Zuflucht bei der wichtigsten pakistanischen Organisation, die sich dem Kampf gegen die Sklaverei verschrieben hat, der Bonded Labour Liberation Front (BLLF). Zwei Jahre lang half Iqbal mit, durch Stiftungsgelder über 3000 versklavte Kinder aus Teppichmanufakturen, Ziegelbrennereien und anderen Schlüsselbereichen der pakistanischen Wirtschaft zu befreien. 1994 erhielt der Zwölfjährige mehrere wichtige internationale Auszeichnungen und trug auf Reisen durch die USA und Europa entscheidend dazu bei, daß das Schicksal der Kinder, das sich hinter den billigen Teppichimporten aus Südasien verbarg, bekannt wurde. Sofort gingen die Einfuhren aus Pakistan zurück. Am 16. April 1995 wurde Iqbal, der sich gerade bei Verwandten in einem Dorf in der Region aufhielt, mit mehreren Pistolenschüssen ermordet.[7]

Iqbal Masihs dramatischer (und beispielhafter) Fall machte in der ganzen Welt Schlagzeilen. Es gibt zahllose Fälle brutaler Ausbeutung, die für weitaus weniger Aufsehen sorgen. Um die neuen Formen der Sklaverei zu bekämpfen, sind große Anstrengungen notwendig: Es gilt, tief verwurzelte kulturelle Widerstände zu überwinden und den Exporteuren in Entwicklungsländern dabei zu helfen, daß sie auch ohne die Ausbeutung von Kindern und Schuldknechten im internationalen Wettbewerb bestehen können. Gewaltige gesellschaftliche Veränderungen müssen in Gang gebracht werden. Klammert man diese Probleme aus, bleiben die Reportagen der Massenmedien, die Arbeit der Menschenrechtsvereinigungen und die öffentliche Empörung vielleicht nur ein Strohfeuer.

Dieses Buch hat ein Ziel: Es will aufrütteln und das Bewußtsein dafür schärfen, welche Bedeutung und Ausmaße das Phänomen der neuen Sklaverei gewonnen hat. Nur öffentliche Aufmerksamkeit kann hier dem Kampf der nationalen und internationalen Organisationen Kraft und Effizienz geben. Das vordringliche Problem liegt darin, den Handel mit Menschen zu erkennen, ihm ganz auf die Spur zu kommen und ihn wirksam zu bekämpfen.

Wir haben in diesem Buch auf einige Netzwerke der organisierten Kriminalität aufmerksam gemacht und auf die Notwendigkeit hingewiesen, die Verbindungen zwischen »spezialisierten« Händlerringen und den übergeordneten kriminellen Netzwerken aufzudecken, die zugleich auch den illegalen Drogen- und Waffenhandel kontrollieren. Manche Ermittlungen haben diese Verbindungslinien bereits zutage gefördert: Die gleichen Geheimkanäle beliefern alle illegalen Märkte, und die gleichen (gewaltigen) Gewinne fließen denselben Organisationen zu.

Zur Zerschlagung dieser globalen Netzwerke bedarf es ebenfalls globaler Anstrengungen, die mit größtmöglicher Kompetenz unternommen werden müssen: Der

Kampf gegen den Menschenhandel muß in der Agenda des kommenden Jahrzehnts an einer zentralen Stelle stehen und mit den gleichen Kräften und Einsätzen ausgefochten werden, die schon im Kampf gegen den Drogenhandel große Erfolge gebracht haben. Wir dürfen vor der Dimension der Aufgabe nicht kapitulieren. Die Netze der organisierten Kriminalität mögen unbesiegbar erscheinen, aber man darf nicht vergessen, daß die internationale Gemeinschaft mit den Jahren auch wirksamere Instrumente zu ihrer Zerschlagung erworben hat.

Wie kann ein effizientes Vorgehen aussehen? Wichtig auf internationaler Ebene ist hier der weitere Ausbau eines Systems an Abkommen, mit denen sich Unterzeichnerländer verpflichten, bestimmte Standards einzuhalten und ihnen gesetzlich Geltung zu verschaffen. Dies gilt nicht nur für die Abkommen zur Bekämpfung der sexuellen Ausbeutung von Frauen und Kindern oder allgemein des Menschenhandels, sondern auch für Abkommen, die – durch Festschreibung eines Mindestalters für den Eintritt ins Arbeitsleben – auf die Beseitigung der Kinderarbeit abzielen. Die Konvention Nr. 138 der IAO haben bislang erst 49 Staaten unterzeichnet. Das ist nicht genug: Es ist Aufgabe der internationalen Gemeinschaft, alle Staaten – durch geeignete Pläne zu ihrer wirtschaftlichen Entwicklung – zur Unterzeichnung dieser Konvention zu bewegen.

Auf nationaler Ebene sind großangelegte Initiativen des Gesetzgebers und der Strafverfolgungsbehörden notwendig: Sondereinheiten der Polizei müssen gebildet und die juristischen Instrumente bereitgestellt werden, um die Verbrechen wirkungsvoll zu ahnden – entweder durch Anwendung bestehender Gesetze oder durch die Beschreibung neuer Straftatbestände, die eine neue Wirklichkeit widerspiegeln. So gibt es im italienischen Gesetzbuch beispielsweise Artikel zur Versklavung von Menschen, die vor einem Jahrzehnt noch als Relikte aus der fernen Vergangenheit gegolten hätten. In Wahrheit werden sie erst seit kurzem gegen völlig neue Formen der Kriminalität angewandt, so im Kampf gegen die von albanischen Zuhältern und nigerianischen Banden betriebene illegale Prostitution.

Hilfreich sind auch »Experimente« auf gesetzgeberischer Ebene, wie sie seit kurzem in Italien unternommen werden: Frauen, die ihre Zuhälter anzeigen, haben Anpruch auf Schutz und erhalten vorübergehend ein Aufenthaltsrecht, damit sie sich aus der Illegalität herauswagen.

Aber Strafverfolgung allein reicht nicht: Unbedingt gefördert werden muß auch die Solidarität gegenüber den Opfern – durch konkrete Initiativen zur Unterstützung der Frauen und Kinder, die Opfer des Menschenhandels geworden sind. Hier ist ein großer Personenkreis gefragt: Bekannte Fälle müssen angezeigt, Programme zur Rehabilitierung finanziert und vor allem den Opfern der Gewalt – trotz ihrer Stellung am Rand der Gesellschaft – Toleranz und Respekt entgegengebracht werden.

Die schärfste Waffe im Kampf gegen die Sklaverei ist allerdings eine grundlegende Einsicht: daß die Befreiung von Hunderten von Millionen von Menschen aus den unsichtbaren Ketten der neuen Sklaverei ein Ziel ist, das einen engagierten Einsatz lohnt.

Anmerkungen

Sklaven und Sklaverei

1. Aristoteles, *Werke in deutscher Übersetzung*, Bd. 9, *Politik*, Darmstadt 1991, Buch I, 3.
2. R. B. Toplin, *The Abolition of Slavery in Brazil*, New York 1975.
3. D. B. Davis, *Slavery and Human Progress*, Oxford 1984.
4. K. Barry, *Female Sexual Slavery*, New York 1979, S. XI.
5. P. Kolchin, *American Slavery: 1619–1877*, New York 1993, S. 22.
6. *U.S. News & World Report* vom 30. April 1997.
7. M. I. Finley, *Die Sklaverei in der Antike: Geschichte und Probleme*, München 1981.
8. J. Watson, *Asian and African Systems of Slavery*, Oxford 1980.
9. E. Genovese, *L'economia politica della schiavitù*, Turin 1972.
10. A. Smith, *Der Wohlstand der Nationen. Eine Untersuchung seiner Natur und seiner Ursachen*, München 1974, S. 319.
11. K. Polanyi, *The Great Transformation. Politische und ökonomische Ursprünge von Gesellschaften und Wirtschaftssystemen*, Wien 1977, S. 99.
12. Ebenda, S. 100.
13. J. Blassingame, *The Slave Community*, New York 1979, S. 6f.
14. M. I. Finley, *Die Sklaverei in der Antike: Geschichte und Probleme*, a. a. O., S. 9.
15. Aristoteles, *Retorik*, Anm. 65 zu I, 13, S. 254, Paderborn 1959.

16. Aristoteles, *Werke in deutscher Übersetzung*, Bd. 9, *Politik*, Darmstadt 1991, Buch I, 3.

17. I. Origo, »›The Domestic Enemy‹: The Eastern Slaves in Tuscany in the Fourteenth and Fifteenth Centuries«, in: *Speculum*, Nr. 30, 1955 S. 321 – 366.

18. Platon, *Sämtliche Werke, Bd. 6, Nomoi*, VI, 776 d – 778 a, Reinbek bei Hamburg 1968.

19. A. Smith, *Der Wohlstand der Nationen. Eine Untersuchung seiner Natur und seiner Ursachen*, München 1974, S. 319 f.

20. Polanyi, *a. a. O.*, S. 210.

21. Episode zitiert nach E. Williams, *Capitalismo e schiavitù*, Rom, Bari 1971, S. 7.

22. Ebenda.

23. S. G. Millin, *The South Africans*, zitiert nach K. Polanyi, *a.a.O*, S. 202.

24. F. Williams, »Depopulation of the Suan District«, in: *Anthropology Report*, 1933, S. 43.

25. O. Patterson, *Slavery and Social Death*, Cambridge 1982.

26. P. Milani, *La schiavitù nel pensiero politico*, Mailand 1972, S. 200 – 219.

27. W. Buckland, *The Roman Law of Slavery*, Cambridge 1908, S. 4.

28. O. Patterson, »Slavery in Human History«, in: *New Left Review*, 117, 1979, S. 39.

29. C. Meillassoux, *L'esclavage en Afrique Précoloniale*, Paris 1975, S. 11 – 26.

30. D. B. Davis, *The Problem of Slavery in Western Culture*, Ithaca 1966, S. 48 u. 100 f.

31. A. A. Elwahed, *Contribution à une théorie sociologique de l'esclavage*, Paris 1931, S. 139 u. 166 f.

32. E. Genovese, *Roll, Jordan, Roll, The World the Slaves Made*, New York 1974, S. 48.

33. P. Suzuki, *The Religious System and Culture of Nias, Indonesia*, Den Haag 1959, S. 45.

34. T. Sellin, *Slavery and the Penal System*, New York 1976, S. 121.

35. G. Rusche, O. Kirchheimer, *Sozialstruktur und Strafvollzug*, Frankfurt a. M. 1974, S. 84 f.

Die zwiespältige Lösung der Übergangszeit

1. D. B. Davis, *Slavery and Human Progress*, a.a.O., S. 109.

2. Siehe hierzu J. F. Maxwell, *Slavery and the Catholic Church: The History of Catholic Teaching Concerning the Moral Legitimacy of the Institution of Slavery*, Chichester 1975.

3. D. B. Davis, *Slavery and Human Progress*, a.a.O., und W. Vogel, W. u. S. Engerman, *Time on the Cross: The Economics of American Negro Slavery*, Boston 1974, S. 29–37.

4. D. B. Davis, »Reflections on Abolitionism and Ideological Hegenmony«, in: *American Historical Review*, Nr. 92, 1987, S. 797–812; D. Eltis, »Abolitionist Perception of Society after Slavery«, in: J. Walin (Hg.), *Slavery and British Society, 1776–1846*, London 1982, S. 195–213; W. Green, »Was British Emancipation a Success? The Abolitionist Perspectives«, in: D. Richardson (Hg.), *Abolition and Its Aftermath: The Historical Context, 1760–1916*, London, S. 185–202; T. L. Haskell, »Capitalism and the Origin of the Humanitarian Sensibility, Part 1«, in: *American Historical Review*, April 1985, S. 339–361, und »Capitalism and the Origin of the Humanitarian Sensibility, Part 2«, in: *American Historical Review*, Juni 1985, S. 457–566.

5. D. B. Davis, *Slavery and Human Progress*, a.a.O., Anm. xiii–xvi, S. 113f.; siehe ebenso die folgenden Werke von Davis: *The Problem of Slavery in Western Culture*, a.a.O., und *The Problem of Slavery in the Age of Revolution, 1770–1823*, Ithaca 1975.

6. M. Weber, *Wirtschaft und Gesellschaft. Grundriß der verstehenden Soziologie*, Köln, Berlin 1964, Erster Teil: *Soziologische Kategorienlehre*, S. 122 ff., und die Diskussion von Webers Thesen in E. Genovese, *L'Economia politica della schiavitù*, a.a.O., S. 18 ff.

7. M. I. Finley, *Die Sklaverei in der Antike: Geschichte und Probleme*, a.a.O.; M. Bloch, »Come e perché è finita la schiavitù antica«, in: *Lavoro e tecnica nel Medioevo*, Roma, Bari 1969.

8. C. Verlinden, *L'Esclavage dans l'Europe médiévale,* Bd. II, Brügge 1955.

9. I. Origo, »›The Domestic Enemy‹«, a. a. O.

10. A. Hanson Jones, *Wealth of a Nation to be: The American Colonies on the Eve of the Revolution,* New York 1980, S. 95–101. Siehe auch S. Engerman, »Notes on the Patterns of Economic Growth in the British North American Colonies in the Seventeenth, Eighteenth and Nineteenth Centuries«, in: P. Bairoch, M. Levy-Leboyer (Hg.), *Disparities in Economic Development since the Industrial Revolution,* London 1981, S. 46–57.

11. D. B. Davis, *Slavery and Human Progress,* a. a. O., S. 78.

12. Zu den Gründen für das Verschwinden der Leibeigenschaft in Rußland siehe zum Beispiel P. Kolchin, *Unfree Labor. American Slavery and Russian Serfdom,* Cambridge 1987.

13. S. Engerman, »The Economics of Forced Labour«, unveröffentlichtes Manuskript.

14. W. Vogel, W. u. S. Engerman, *Time on the Cross,* a. a. O., S. 190–257.

15. B. Hjejle, »Slavery and Agricultural Bondage in South India in the Nineteeenth Century«, in: *The Scandinavian Economic History Review,* Nr. 14 (2), S. 71–126; R. Roberts, S. Miers, »The End of Slavery in Africa«, S. 12 f., in: S. Miers, R. Roberts (Hg.), *The End of Slavery in Africa,* Madison 1988, S. 3–68.

16. Insec (Informal Sector Service Centre), *Bonded Labour in Nepal. Under Kamaiya System,* Katmandu 1992, S. 12.

17. J. L. Watson, »Transactions in People: The Chinese Market in Slaves, Servants, and Heirs«, in: J. L. Watson (Hg.), *Asian and African Systems of Slavery,* Oxford 1980, S. 223–250.

18. R. Roberts, S. Miers, »The End of Slavery in Africa«, a. a. O., S. 7.

19. S. I. Engerman, »Economic Change and Contract Labour in the British Caribbean: The End of Slavery and the Adjustment to Emancipation«, in: D. Richardson (Hg.), *Abolition and its Aftermath,* a. a. O., S. 225–244.

20. H. Tinker, *A New System of Slavery. The Export of Indian Labour Overseas 1830–1920*, London 1974; M. Schuler, »*Alas, alas Kongo«: A Social History of Indentured African Immigration into Jamaica, 1841–1865*, Baltimore 1980. Eine weniger negative Bewertung dieser Formen der erzwungenen Migration siehe P. C. Emmer, »The Great Escape: The Migration of Female Indentured Servants from British India to Suriname, 1873–1916, in: D. Richardson (Hg.), *Abolition and Its Aftermath*, a.a.O., S. 245–255.

21. E. van der Boogaart, P. C. Emmer (Hg.), *Colonialism and Migration: Indentured Labour Before and After Slavery*, Dordrecht 1986, und vor allem der Artikel von H. A. Gemery, »Markets for Migrants: English Indentured Servitude and Emigration in the Seventeenth and Eighteenth Centuries«, S. 33–54; C. Daniels, »Without any Limitation of Time: Debt Servitude in America«, in: *Labor History*, S. 232–250; F. Grubb, »The End of European Immigrant Servitude in the United States: An Economic Analysis of Market Collapse«, 1772–1835, in: *The Journal of Economic History*, Nr. 4, 1994, S. 795–823. Interessante Vergleiche siehe auch P. E. Lovejoye, N. Rogers (Hg.), »Unfree Labour in the Development of the Atlantic World«, monographische Ausgabe von *Slavery and Abolition* (Nr. 5, 2. August 1994).

22. S. L. Engerman, »Economic Change and Contract Labour«, a.a.O., S. 231.

23. Eine eingehendere Untersuchung zur Einfuhr von Sklaven auf Vertragsbasis von den pazifischen Inseln auf die Zuckerrohrplantagen des zuletzt genannten Landes und vor allem im Staat Queensland siehe A. Graves, *Cane and Labour. The Political Economy of the Queensland Sugar Industry, 1862–1905*, Edingburgh o. Z.

24. S. L. Engerman, »Servants to Slaves to Servants: Contract Labour and European Expansion«, in: E. van den Boogaart, P. C. Emmer (Hg.), *Colonialism and Migration*, a.a.O., S. 263–294.

25. Ebenda, S. 238.

26. P. Curtin, *The Image of Africa: British Ideas and Action, 1780–1850,* Madison 1964.

27. R. Roberts, S. Miers, »The End of Slavery in Africa«, a. a. O., S. 10 ff.; R. Dummett, M. Johnson, »Britain and the Suppression of Slavery in the Gold Coast Colony, Ashanti and the Northern Territories«, in: S. Miers, A. Roberts (Hg.), *The End of Slavery in Africa,* a. a. O., S. 71–117.

28. F. Renault, *L'abolition de l'esclavage au Sénégal: l'attitude de l'administration française, 1848–1905,* Paris, S. 11–14; u. R. Roberts, S. Miers, »The End of Slavery in Africa«, a. a. O., S. 13 ff.

29. J. Duffy, *A Question of Slavery,* Cambridge 1967, S. 27–39.

30. L. M. Heywood, »Slavery and Forced Labor in the Changing Political Economy of Central Angola, 1850–1949«; A. Isaacman, A. Rosenthal, »Slaves, Soldiers, and the Police: Power and Dependency among the Chikunda of Mozambique, ca. 1825–1920«, in: S. Miers, R. Roberts (Hg.), *The End of Slavery in Africa,* a. a. O., S. 415–436 bzw. S. 220–253.

31. I. Kopytoff, »The Cultural Context of African Abolition«, in: S. Miers, R. Roberts (Hg.), *The End of Slavery in Africa,* a. a. O., S. 485 ff., eine Synthese der verschiedenen Beiträge des Sammelbandes.

32. I. Kopytoff, S. Miers, »Slavery as an Institution of Marginality«, in: S. Miers, I. Kopytoff (Hg.), *Slavery in Africa: Historical and Anthropoligical Perspectives,* Madison 1977, S. 3–77.

33. Ebenda, S. 55–62; I. Kopytoff, »The Cultural Context of African Abolition«, a. a. O., S. 491.

34. I. Koptoff, S. Miers, »Slavery as an Institution of Marginality«, a. a. O., S. 55 f.

35. Ebenda.

36. D. B. Davis, *Slavery and Human Progress,* a. a. O., S. 15.

37. P. E. Lovejoy, *Transformation in Slavery: A History of Slavery in Africa,* Cambridge 1983, S. 277.

38. Ebenda, S. 274.

39. S. Miers, *Britain and the Ending of Slavery in Africa*, London, S. 206 f.

40. D. D. Cordell, »The Delicate Balance of Force and Flight«, a. a. O.

41. R. Roberts, S. Miers, »The End of Slavery in Africa«, a. a. O., S. 20.

42. D. Ohadike, »The Decline of Slavery among the Igbo People«, in: S. Miers, R. Roberts (Hg.), *The End of Slavery in Africa*, a. a. O., S. 437 – 461.

43. L. V. Cassanelli, »The Ending of Slavery in Italian Somalia and the Control of Labor, 1890 – 1935«, in: S. Miers, R. Roberts (Hg.), *The End of Slavery in Africa*, S. 308 – 331.

44. M. Mason, »Working on the Railway: Forced Labour in Northern Nigeria, 1907 – 1912«, in: P. Gutking, R. Cohen, J. Copans (Hg.), *African Labor History*, Beverley Hills 1978, S. 56 – 79.

45. L. Caplan, »Power and Status in South Asian Slavery«, in: J. I. Watson (Hg.), *Asian and African Systems of Slavery*, a. a. O., S. 169 – 194.

46. E. Leach, Caste, »Class and Slavery: The Taxonomic Problem«, in: A. de Rueck, J. Knight (Hg.), *Caste and Race: Comparative Approaches*, London 1967, S. 11 f.

47. B. Hjejle, *Slavery and Agricultural Bondage in South India in the Nineteenth Century*, Kopenhagen 1967, S. 93.

48. D. Kumar, *Land and Caste in South India*, Cambridge 1965, S. 48.

49. Zu den Forschern, die hier der britischen Ideologie anhängen, siehe zum Beispiel U. Patnaik, Utsa, M. Dingwaney, *Chains of Servitude. Bondage and Slavery in India*, Hyderguda 1990.

50. G. Prakash, *Bonded Histories: Genealogies of Labor Servitude in Colonial India*, Cambridge 1990.

51. Ebenda, S. 83.

52. R. Roberts, S. Miers, »The End of Slavery in Africa«, a. a. O., S. 45 ff. und T. Falola, P. Lovejoy (Hg.), *Pawnship in Africa. Historical Perspectives on Debt Bondage*, Boulder 1994.

53. L. M. Heywood, »Slavery and Forced Labour«, a. a. O.

54. D. Ohadike, »The Decline of Slavery«, a.a.O.; E. A. Oroge, »Iwofa: an Historical Survey of the Yoruba Institution of Indenture«, in: *African Economic History*, Nr. 14, S. 75–106 (89); T. Falola, »Slavery and Pawnship in the Yoruba Economy of the Nineteenth Century«, in: *Slavery and Abolition*, Nr. 5, 2. August 1994, S. 221–245 (233–241).

55. Rassistisch motivierte politische Entscheidungen bestimmten das Ende der Ausbeutung von Vertragsarbeitern auch in einigen Aufnahmeländern. So wurde die *Indentured Labour* beispielsweise in Australien verboten, um die Zuwanderung von Nichtweißen zu begrenzen, und in Südafrika sorgte eine ähnliche Entscheidung dafür, daß statt der Inder künftig die einheimische schwarze Bevölkerung ausgebeutet wurde. Siehe hierzu H. Tinker, *A New System of Slavery*, a.a.O., S. 288–366.

56. J. Duffy, *A Question of Slavery*, a.a.O., S. 182–198.

57. L. M. Heywood, »Slavery and Forced Labour«, a.a.O.; L. V. Cassanelli, »The Ending of Slavery in Italian Somalia«, a.a.O.

58. R. Roberts, S. Miers, »The End of Slavery in Africa«, a.a.O., S. 24 f., S. 42–45.

59. B. Freund, *Capital and Labour in the Nigerian Tin Mines*, London 1981, S. 136 f.

60. D. Northrup, »The Ending of Slavery«, a.a.O.

61. D. D. Cordell, »The Delicate Balance of Force and Flight«, a.a.O.

62. L. M. Heywood, »Slavery and Forced Labour«, a.a.O.

63. Zur Einrichtung und Verbreitung der sowjetischen Straflager siehe J. Bunyan, *The Origins of Forced Labor in the Soviet State, 1917–1921. Documents and Materials*, Baltimore 1967; J. R. Harris, »The Growth of the Gulag: Forced Labour in the Urals Region, 1929–31«, in: *The Russian Review*, Nr. 56, April 1997, S. 265–280.

64. E. Bacon, *The Gulag at War. Stalin's Forced Labour System in the Light of the Archives*, New York 1994.

Die sexuelle Versklavung

1. World Congress Against Commercial Sexual Exploitation of Children, »Education«, Stockholm, August 1997, S. 1.
2. Zur Beziehung zwischen der Prostitution Minderjähriger und dem Sextourismus siehe Ron O'Grady, *Schiavi o bambini? Storie di prostitutione infantile e turismo sessuale in Asia*, Turin 1995; D. Hodgson, »Sex Tourism and Child Prostitution in Asia: Legal Responses and Strategies«, in: *Melbourne University Law Review*, Bd. 19, S. 512–544.
3. Human Rights Watch/Asia, *A Modern Form of Slavery. Trafficking of Burmese Women and Girls into Brothels in Thailand*, New York 1993, S. 63.
4. Human Rights Watch/Asia, *Rape for Profit. Trafficking of Nepals Girls and Women to India's Brothels*, New York 1995, S. 28.
5. Ebenda, S. 35.
6. K. Barry, *Sexuelle Versklavung von Frauen*, Berlin 1983, S. 36f.
7. Ebenda, S. 32.
8. Siehe M. Foucault, *Überwachen und bestrafen. Die Geburt des Gefängnisses*, Frankfurt a. M. 1977.
9. Siehe S. Hatty, »Australia«, in: N. Davis (Hg.), *Prostitution: an International Handbook on Trends, Problems and Policies*, Westport 1993.
10. N. V. Demleitner, »Forced Prostitution: Naming an International Offence«, in: *Fifth Annual Philip D. Reed Memorial Issue, Fordham International Law Journal*, November 1994.
11. Eine ausführliche Erörterung zum Thema Mädchenhandel siehe M. Stange, *Personal Property. Wives, White Slaves and the Market in Women*, London 1998.
12. D. B. Davis, *Slavery and Human Progress*, a. a. O., S. 305.
13. N. V. Demleitner, »Forced Prostitution«, a. a. O.
14. C. Sleightholme, I. Sinha, *Guilty Without Rial. Women in the Sex Trade in Calcutta*, Kalkutta 1996, S. 9.
15. M. Jaschok, S. Miers (Hg.), *Women and Chinese Patriar-*

chy. Submission, Servitude and Escape, Hongkong 1994,
S. 19 ff.

16. E. Sinn, »Chinese Patriarchy and the Protection of Women
in the 19th Century Hong Kong«, in: M. Jaschok, S. Miers
(Hg.), *Women and Chinese Patriarchy,* a. a. O., S. 143.

17. J. F. Warren, »Chinese Prostitution in Singapore: Recruitment and Brothel Organization«, ebenda, S. 77 – 107.

18. Siehe J. D. Vaughan, *The Manners and Customs of the
Chinese of the Straits Settlement,* Kuala Lumpur 1974.

19. Die Emanzipation der Frau ist ein neuerer Prozeß: in Singapur erhielten Frauen erst 1961 das Recht auf Erbschaft
und die Möglichkeit zur Scheidung. Im gleichen Jahr
wurde die Einehe durchgesetzt, in Hongkong erst 1970.

20. Zu diesen sogenannten »comfort women« siehe K. Wata-
nabe, »Militarism, Colonialism and the Trafficking in
Women: ›Comfort Women‹ Forced into Sexual Labour
for Japanese Soldiers«, in: *Bulletin of Concerned Asian
Scholars,* Bd. 26, Nr. 4, Okt. – Dez. 1994; United Nations,
Commission on Human Rights, *Report on the Mission to
the Democratic Republic of Korea and Japan on the Issue
of Military Sexual Slavery in Wartime,* Nr. 4, Januar 1996.

21. N. V. Demleitner, »Forced Prostitution«, a. a. O.

22. United Nations, *Second Asia and the Far East Seminar on
the Prevention of Crime and the Treatment of Offenders,
Tokyo, 25. November bis 7. Dezember,* New York 1957.

23. I. Seabrook, *Travels in the Skin Trade. Tourism and the
Sex Industry,* London 1996, S. 83.

24. Von den Soldaten wurde das Programm in I & I, Inter-
course and Intoxication – »Geschlechtsverkehr und Ver-
giftung (für Alkohol- und Drogenkonsum)« – umbenannt.

25. D. Sienstra, »Madonna/Whore, Pimp/Protector: International Law and Organization Related to Prostitution«, in:
Studies in Political Economy, Nr. 51, Herbst 1996, S. 83 –
217.

26. I. Seabrook, *Travels in the Skin Trade,* a. a. O., S. 7.

27. Zur Geschichte der Beziehungen zwischen amerikanischen
Soldaten und südostasiatischen Prostituierten siehe S. Pol-
lock Sturdevant, B. Stoltzfus, *Let the Good Times Roll.*

Prostitution and the U.S. Military in Asia, New York 1992.

28. Siehe »Special Focus. Modern Slavery: Trafficking in Women and Children«, in: *Trends in Organized Crime,* Bd. 3, Nr. 4, Sommer 1998, S. 4 u. 11.

29. In Deutschland scheinen dabei vor allem jüngere Mädchen bis zum Ablauf ihres dreimonatigen Touristenvisums faktisch gratis zu arbeiten.

30. Siehe Global Alliance against Traffic in Women, International Organization for Migration, Cambodian Women's Development Association (GAATW, IOM, CWDA), *Cambodian and Vietnamese Sex Workers along the Thai-Cambodian Border,* März 1997.

31. Siehe T. Truong, *Sex, Money and Morality: Prostitution and Tourism in South East Asia,* 1990, S. 156.

32. Ebenda.

33. Diese Daten siehe L. Lean Lim (Hg.), *The Sex Sector. The Economic and Social Basis of Prostitution in Southeast Asia,* International Labour Office, Genf 1998.

34. Nach K. Barry, *Sexuelle Versklavung von Frauen,* a.a.O., S. 318ff.

35. S. Moran, »New World Heavens of Oldest Profession«, in: *Insight on the News,* Bd. 9, Nr. 25, Juni 1993.

36. P. Phongpaichit, S. Pioriyarangsan, N. Treerat, *Guns, Girls, Gambling, Ganja. Thailand's Illegal Economy and Public Policy,* 1998, S. 173.

37. P. Phongpaichit, Interview über das Internet.

38. Siehe P. Phongpaichit, S. Pioriyarangsan, N. Treerat, *Guns, Girls ...,* a.a.O., S. 155.

39. Da Malaysier problemlos nach Japan einreisen können, ist ihr Land offenbar Transitgebiet für illegale Einwanderer geworden.

40. P. Phongpaichit, S. Pioriyarangsan, N. Treerat, *Guns, Girls ...,* a.a.O.; S. Watenabe, »From Thailand to Japan. Migrant Sex Workers as Autonomous Subjects«, in: K. Kempadoo, J. Doezema (Hg.), *Global Sex Workers,* London 1998, S. 114–123.

41. Japanische Investitionen fließen heute beispielsweise in

den Sexmarkt auf den Philippinen. Siehe hierzu L. Lean Lom, *The Sex Sector,* a. a. O., S. 8.

42. P. Phongpaichit, S. Pioriyarangsan, N. Treerat, *Guns, Girls ...,* a. a. O., S. 173.

43. M. Vatikiotis, S. Sakamaki, G. Silbverman, »Sex Trade on The Margin«, in: *Far Eastern Economic Review,* Nr. 14, Dezember 1995.

44. Siehe hierzu International Organization for Migration, *Trafficking in Women from the Dominican Republic for Sexual Exploitation,* Migration Information Programme 1995.

45. Siehe »Special Forms. Modern Slavery«, a. a. O., S. 24.

46. Siehe Human Rights Watch/Asia, *A Modern Form of Slavery,* a. a. O., S. 14.

47. I. Seabrook, *Travels in the Skin Trade,* a. a. O., S. 132, ebenso folgendes Zitat.

48. Siehe L. Lean Lim (Hg.), *The Sex Sector,* a. a. O., S. 6.

49. K. Archavanitkul, *Trafficking in Children for Labour Exploitation Including Child Prostitution in the Mekong Subregion,* Institute for Population and Social Research, Mahidol University, Mit Unterstützung von Ilo-Ipec, Bangkok 1988, S. ii.

50. Human Rights Watch/Asia, *A Modern Form of Slavery,* a. a. O., S. 14.

51. F. Butegwa, *Preliminary Report on Trafficking in Women in Africa,* Uganda, August 1996.

52. K. Barry, »The Underground Economic System of Pimping«, in: *Journal of International Affairs,* 1981.

53. Human Rights Watch/Asia, *Rape for Profit,* a. a. O., S. 1.

54. Siehe M. Jaschok, S. Miers (Hg.), *Women an Chinese Patriarchy,* a. a. O.

55. International Organization for Migration, *Trafficking in Migrants. Quarterly Bulletin,* Nr. 16, September 1997.

56. K. Archavanitkul, *Trafficking in Children,* a. a. O., S. 42 f.

57. Human Rights Watch/Asia, *Rape for Profit,* a. a. O., S. 23 f.

58. A. Derks, *Trafficking of Vietnamese Women and Children*

to Cambodia, International Organization for Migration, 1998, S. 10.

59. Ebenda, S. 18.
60. »Triad, Yakuza Linked to Forced Prostitution«, in: *Daily News,* Bangkok, 25. Januar 1995.
61. International Organization for Migration, *Trafficking in Migrants. Quarterly Bulletin,* Nr. 16, September 1997.
62. United Nations, Commission on Human Rights, *Report of the Special Rapporteur on Violence against Women, its Causes and Consequences,* New York 1996, S. 11.
63. Global Survival Network, *Crime & Servitude: An Exposé of the Traffic in Women for Prostitution from the Newly Independent States,* Washington 1997.
64. Siehe »Special Focus. Modern Slavery«, a. a. O., S. 25.
65. K. Barry, *The Prostitution of Sexuality,* New York 1995 (Neuausgabe).
66. C. H. Hauge, »Prostitution of Women and International Human Rights Law: Transforming Exploitation into Equality«, in: *New York International Law Review,* Bd. 8, Nr. 2, Sommer 1995.
67. L. Lean Lim (Hg.), *The Sex Sector,* a. a. O., S. V.
68. Siehe die fanzösische Dokumentation von Anne Cazals (Hg.), *Prostitution et proxénétisme en Europe,* Paris 1995; das Werk gibt zudem einen guten Überblick über die Gesetzgebung in den verschiedenen europäischen Ländern zur Prostitution. In Italien ist 1982 in Pordenone das Comitato per i Diritti Civile delle Prostitute entstanden. Zur Geschichte dieser Bewegung siehe M. A. Teodori (Hg.), *Lucciole in lotta. La prostituzione come lavoro,* 1986. Im gleichen Jahr veranstaltete in England das English Collective of Prostitutes Großdemonstrationen. Gefordert wurden mehr Rechte und ein Ende repressiver Polizeimaßnahmen. Auch in Australien hat sich eine starke Prostituiertenbewegung formiert, und in den letzten Jahren sind auch Indiens Prostituierte mit neuem Selbstbewußtsein hervorgetreten.
69. Siehe Parsec (Associazione Ricerca e Interventi Sociali), Università di Firenze (Dipartimento di Scienze dell'Educa-

zione), *Il traffico delle donne immigrate per sfruttamento sessuale: aspetti e problemi. Ricerca e analisi della situazione italiana,* Florenz 1996.

70. Auf den nächsten Seiten wird hauptsächlich auf folgende Studien verwiesen: Parsec, Università di Firenze, *Il traffico delle donne ...,* a. a. O.; F. Olivero (Hg.), »Un mondo che attraversa il mondo: la tratta delle donne straniere immigrate in Italia, esperienze e iniziative sul territorio torinese«, in: *Documentazione Italiana Caritas,* Nr. 6, 1997; Regione Lazio Assessorato Salvaguardia e Cura della Salute, Gruppo Magliana '80, Osservatorio Epidemiologico, *Progetto Lucciola. Interventi di riduzione del danno, accoglienza e prevenzione per le persone che si prostituiscono in strada,* Rom 1998.

71. *Progetto Lucciola,* a. a. O.

72. Siehe zum Beispiel F. Olivero (Hg.), »Un mondo che attraversa il mondo«, a. a. O.

73. Parsec, Università di Firenze, *Il traffico delle donne immigrate,* a. a. O.

74. F. Olivero (Hg.), »Un mondo che attraversa il mondo«, a. a. O.

75. Ebenda.

76. Parsec, Università di Firenze, *Il traffico delle donne immigrate,* a. a. O.

77. Eine eingehende Untersuchung zu dieser Art Beziehung siehe K. Barry, *Sexuelle Versklavung von Frauen,* S. 101 ff.

78. S. Palidda, »Research Report deviant Behaviour in Italy and in Particular in Milan«, in: MigrInf, März 1998, maschinengeschriebenes Manuskript.

79. Siehe zum Beispiel *Progetto Lucciola ...,* a. a. O.

80. Parsec, Università di Firenze, *Il traffico delle donne immigrate,* a. a. O.

81. United Nations, *International Migration Policies,* New York 1998, S. 219.

82. International Organization for Migration, »Statement by Marco Gramgna«, presented at *EU Conference on Trafficking in Women for Sexual Exploitation,* Wien, 10.–11. Juni 1996.

83. Einführungsrede zum *International Workshop on Traffikking in Women to and from Central and Eastern Europe,* Budapest, 4.–5. Oktober 1996.

84. Kongreß von Budapest: Beitrag von Mr. Borai vom ungarischen Innenministerium.

85. United Nations, Economic and Social Council, Commission on Human Rights, Fifty-third session, *Report on the Mission of the Special Rapporteur to Poland on the Issue of Trafficking and Forced Prostitution in Women,* 10. Dezember 1996.

86. International Organization for Migration, *Trafficking in Women from the Dominican Republic,* a.a.O.

87. L. Brussa, »The Tampei Project in Western Europe«, in: K. H. Kempadoo, J. Doezema, *Global Sex Workers,* a.a.O.

88. International Organization for Migration, *Trafficking and Prostitution. The Growing Exploitation of Migrant Women from Central and Eastern Europe,* Migration Information 1995.

89. International Organization for Migration, *Trafficking in Migrants.* Quarterly Bulletin, Nr. 17, Dezember 1997 – Januar 1998.

90. International Organization for Migration, *Trafficking in Women to Austria for Sexual Exploitation,* Migration Information Programme 1996.

91. Siehe S. Altink, *Stolen Lives. Trading Women into Sex and Slavery,* London 1995, S. 33.

92. Siehe Global Survival Network, *Crime & Slavery,* a.a.O.

93. Siehe S. Altink, *Stolen Lives,* a.a.O., S. 45.

94. Migration Information Programme, *Trafficking in Women to Austria,* a.a.O.

95. Ebenda, S. 9.

96. Siehe Conseil de l'Europe, Assemblée Parlementaire, *Rapport sur la traite des femmes et la prostitution forcée dans les États membres du Conseil de l'Europe,* Doc 7785, 26. März 1997, S. 6.

97. M. Wijers, L. Lap Chew, »Trafficking in Women: Forced Labour and Slavery-Like Practides«, in: *Marriage, Domestic Labour, and Prostitution,* Utrecht 1997, Nr. 92.

98. T. Koostra La Strada (Hg.), *Results of the First Central and Eastern European Programme of Prevention of Traffic in Women,* 1996, S. 20 ff.

99. Y. Garlan, »Guerra, pirateria e schiavitù nel mondo greco«, in: M. I. Finley (Hg.), *La schiavitù nel mondo antico,* Roma, Bari 1990, S. 10.

Die ökonomische Versklavung

1. Anfang der achtziger Jahre hat die Arbeitsgruppe Marc Bossuyt eine Untersuchung zum Thema in Auftrag gegeben. Bossuyt hat nach einschlägigen Forschungen und der Sammlung von Untersuchungen und Dokumenten verschiedener Art und Herkunft einen Bericht erstellt, der 1984 von der Menschenrechtskommission gebilligt wurde. Nach anfänglichem Zögern wurde er dann auch von der mauretanischen Regierung positiv beurteilt. Siehe hierzu M. Bossuyt, *Report on Slavery and Slavery-like Practices in Mauritania: Final Report of the Special Rapporteur of the U.N. Sub-Commission on Prevention and Protection of Minorities,* Genf 1984, U.N. Doc E/CN.4/Sub.2/1984/ 23. Über die Aktivität der Arbeitsgruppe zu den zeitgenössischen Formen der Sklaverei siehe K. Zoglin, »United Nations Action Against Slavery: A Critical Evaluation«, in: *The Human Rights Quarterly,* 8 (2), 1986, S. 303 – 339.

2. U.S. Department of State, Mauritania Country Report on Human Right Practices for 1996«, released by the Bureau of Democracy, Human Rights and Labor, January 30, 1997. Zum Sklavenhandel in der Sahara siehe auch die monographische Nummer von *Slavery and Abolition* von E. Savage (Hg.) mit dem Titel »The Human Commodity: Perspectives on the Trans-Saharan Slave Trade«, in: *Slavery and Abolition,* 13. August 1992, und O. Patterson, *Slavery and Social Death,* a. a. O., S. 157 ff.

3. J. R. Gregory, »African Slavery 1996«, *First Things,* 63, Mai 1996, S. 37 ff.

4. C. Jacobs, »Slavery: Worldwide Evil. From India to the

Dominican Republic, More People in Slavery Today Than in Any Time in History«, Internet: http://www.channel1. com/aasg/worldslave.htm.

5. U.S. Department of State, »Mauritania Country Report«, a. a. O., S. 16.

6. B. Anderson, *Britain's Secret Slaves. An Investigation into the Plight of Overseas Domestic Workers,* Anti-Slavery International, London 1993, S. 13 f.

7. Ebenda.

8. K. Ashagrie, *Statistics on Working Children and Hazardous Child Labour in Brief,* International Labour Office, Genf 1998.

9. Die Beispiele stammen aus einem jüngeren Bericht des amerikanischen Arbeitsministeriums: *By the Sweat and Toil of Children, Volume II: The Use of Child Labour in U.S. Agricultural Imports and Forced and Bonded Labor,* U.S. Department of Labor, Bureau of International Labor Affairs, Washington 1995.

10. O. Patterson, *Slavery and Social Death,* a. a. O.

11. Human Rights Watch/Africa, *Children of Sudan: Slaves, Street Children and Child Soldiers,* New York 1995.

12. P. Arlacchi, L. Paoli, »Le schiave des sesso«, in: *Panorama,* 28. August 1993.

13. S. Miers, »Contemporary Forms of Slavery«, in: *Slavery and Abolition,* 17 (3), Dezember 1996, S. 238–246.

14. M. Jain, *Bonded Labour. Justice through Judiciary,* Neu Delhi 1997, S. 119.

15. S. Posel, »Kamaiya: Bonded Labor in Western Nepal«, *Columbia Human Rights Law Review,* Bd. 27, 1995, S. 123–175 (130).

16. Human Rigths Watch/Asia, *Contemporary Forms of Slavery in Pakistan,* New York 1995, S. 25–28 u. S. 79–85.

17. Ebenda.

18. M. Jain, *Bonded Labour,* a. a. O., S. 98 f.

19. A. Sutton, *Slavery in Brazil. A Link to the Chain of Modernization,* Anti-Slavery International, London 1994, S. 19.

20. M. Jain, *Bonded Labour,* a. a. O., S. 14.

21. Human Rights Watch/Asia, *Contemporary Forms of Slavery,* a. a. O., S. 25 – 28.

22. M. Jain, *Bonded Labour,* a. a. O.

23. »No to Child Soldiers«, in: *International Herald Tribune,* 6. Juli 1998, S. 10.

24. R. O. Collins, »The Nilotic Slave Trade: Past and Present«, in: *Slavery and Abolition,* 13. (1.), April 1992, S. 140 – 162 (141).

25. D. H. Johnson, »Recruitment and Entrapment in Private Slave Armies: The Structure of the Zara'ibn in the Southern Sudan«, in: *Slavery and Abolition,* 13 (1), April 1992, S. 140 – 162 (141).

26. R. O. Collins, »The Nilotic Slave Trade«, a. a. O., S. 150 – 159.

27. Human Rights Watch/Africa, »Sudan: The Lost Boys: Child Soldiers and Unaccompanied Boys in Southern Sudan«, in: *A Human Rights Watch Short Report,* Bd. 6, Nr. 10, November 1994; Human Rights Watch/Africa, *Children of Sudan,* a. a. O., S. 75 – 87.

28. Ebenda, S. 31 – 52.

29. C. Jacobs, »Slavery: Worldwide Evil«, a. a. O.

30. Human Rights Watch/Africa, *Children of Sudan,* a. a. O., S. 55 – 71.

31. M. Ambrosini (Hg.), *Lavorare nell'ombra. L'inserimento degli immigrati nell'economia informale,* Quaderni ISMU, 10/1009, 1997.

32. K. L. Chin, R. Kelly, *Human Snakes: Illegal Chinese Immigrants in the United States, A final Report Submitted to the National Science Foundation for the Research Project Entitled ›Illegal Chinese Immigrants in the United States‹,* 25. März 1997.

33. Ebenda, S. 252 – 295.

34. K. Ashagrie, *Statistics on Working Children,* a. a. O.

35. International Labour Organization, »Ipec: Finding out about Child Labour. The Demand for Child Labour«, Internet: http://www.ilo.org/public/english/90ipec/child/3deman.htm.

36. Zu den Makro- und Mikrofaktoren, die die Prozesse der

Emigration beeinflussen, siehe A. Portes, R. G. Rumbaut, *Immigrant America. A. Portrait,* Berkeley 1996.

37. A. Fyfe, *Child Labour,* Cambridge 1989, S. 3.
38. G. Prakash, *Bonded Histories,* a. a. O.
39. J. L. Hamilpurker, *Changing Aspects of Bonded Labour in India,* Bombay 1989, S. 72.
40. Ebenda, S. 75 f.
41. M. Jain, *Bonded Labour,* a. a. O., S. 146.
42. R. Amjad, *To the Gulf and Back, United Nations Development Program, New Delhi and International Labour Organization Asian Development Program,* Neu Delhi 1989, S. 6.
43. B. Anderson, *Britain's Secret Slaves,* a. a. O., S. 15–20.
44. Ebenda, S. 34 f.

Schlußfolgerung

1. K. Zoglin, United Nations Action, a. a. O.
2. Ilo, *Il lavoro minorile nel mondo. L'intollerabile nel mirino,* Turin, Centro Internationale di Formazione dell'Ilo, S. 23–47.
3. Ebenda, S. 102; Ilo, Ipec at a Glance, Internet: http://www.ilo.org/public/english/90ipec/about/glance.html.
4. U.S. Department of Labour, *By the Sweat and Toil of Children,* Bd. II., a. a. O., S. 93.
5. Ilo, »Consumers and Corporations Combat Child Labour«, Internet: http://www.ilo.org/public/english/90ipec/intinit/consum.html, und Human Rights Watch, »Corporations and Human Rights«, Internet: http://www.hrw.org/about/initiatives/corp.html.
6. Human Rights Watch, »Corporations and Human Rights«, a. a. O.
7. J. Silvers, «Child Labour in Pakistan«, in: *The Atlantic Monthly,* Bd. 277, Februar 1996, S. 79–92.

PIPER

Thomas Kistner / Jens Weinreich
Der olympische Sumpf

Die Machenschaften des IOC. 297 Seiten. Geb.

Die »Jahrtausendspiele« von Sydney werden das Medienereignis dieses Herbstes sein. Aber hinter der Glitzerfassade der olympischen Bewegung toben erbitterte Kämpfe um Macht und Geld, wird geschoben, getrickst und bestochen.
Der Handelsausschuß des US-Senats unter John McCain, das FBI und Staatsanwaltschaften in aller Welt ermitteln gegen das mafiose Netzwerk, das sie um das IOC vermuten. Aber ob sie den dunklen Geschäften im Zeichen der Olympischen Ringe wirklich auf die Spur kommen, ist offen, versucht doch das IOC, mit einer umfassenden PR-Kampagne sich als ein gesäubertes Unternehmen zu zeigen, das aus den Skandalen der Vergangenheit gelernt hat. Dabei, so die These der Autoren, wird vieles verheimlicht, wird weiterhin gelogen und verschleiert. Immer noch ähnelt das IOC einer elitären, undemokratischen Sekte, in der sich ausrangierte Minister, vorbestrafte Geschäftsleute, Lobbyisten und Firmenvermittler tummeln. Und sie alle profitieren von den Spielen. Einige Spuren führen auch nach Deutschland…

PIPER

Friedhelm Schwarz
Das gekaufte Parlament

Die Lobby und ihr Bundestag. 269 Seiten. Geb.

Die Rededuelle im Deutschen Bundestag sind größtenteils
Fassade, hinter der der eigentliche Kampf herrscht: Mit allen
Mitteln versucht die Lobby, Entscheidungen in ihrem Sinne
herbeizuführen. Sie bestimmt, was gut für die Bürger ist.
Auf jeden Abgeordneten des Bundestages kommen drei Vertreter der Lobby, die ihn zu beeinflussen versuchen. Ein Netz
von Beziehungen, Abhängigkeiten und Korruption hat sich
über das Parlament gelegt. Friedhelm Schwarz, selbst jahre-
lang in der Politikberatung tätig, zeigt die Tricks, mit denen
Gesetze im Sinne der Industrie wirkungslos gemacht werden;
er erklärt, wie eine »Vorteilsnahme« diskret und reibungslos
abgewickelt wird, und beschreibt den Kampf der Konzerne
und Verbände um den besten Platz am Trog. Dabei ist fast
jeder Schachzug erlaubt: »Die Methoden der Lobby erinnern
in ihrer ausgefeilten PR-Technik und ihrer umfassenden
Logistik an moderne Feldzüge« (Friedhelm Schwarz). Selbst
Abgeordnete, die sich diesem Druck entziehen wollen, haben
wenig Chancen – sonst riskieren sie ihre Wiederwahl. In Bonn
regiert nicht, wen der Wähler bestimmt hat, sondern die Lobby.

PIPER

Wolf Schneider
Die Gruner+Jahr Story

Ein Stück deutsche Pressegeschichte. 440 Seiten mit
66 Schwarzweiß-Abbildungen. Geb.

Der Kampf um den Leser auf dem deutschen Zeitschriftenmarkt
wird mit harten Bandagen geführt. Wie dieses Millionenspiel
läuft, wer seine Macher sind, berichtet Wolf Schneider in dieser
Insider-Reportage am Beispiel von Gruner+Jahr
Millionen von Menschen lesen jede Woche den Stern, Brigitte,
GEO oder eine andere der mehr als zwanzig Zeitschriften aus
dem Haus Gruner+Jahr. Was sie aber dort nicht lesen, ist ge-
nauso spannend: wie die Meinungsmacher in Europas größtem
Zeitschriftenverlag arbeiten. Ob der legendäre Henri Nannen
mit seiner Art der Marktbeobachtung (»Lieschen Müller – das
bin ich«), die Allianzen und Kämpfe mit Spiegel, Springer und
anderen um die Vormachtstellung auf dem Zeitschriftenmarkt,
wie die Politik und der gesellschaftliche Umbruch in den letzten fünfunddreißig Jahren das Geschäft mit den Illustrierten
verändert haben – das alles gibt Stoff für eine rasante Story.

PIPER

Stéphane Courtois, Nicolas Werth,
Jean-Louis Panné, Andrzej Paczkowski,
Karel Bartosek, Jean-Louis Margolin
Das Schwarzbuch des Kommunismus

Unterdrückung, Verbrechen und Terror. Mit dem Kapitel
»Die Aufarbeitung des Sozialismus in der DDR« von Joachim
Gauck und Ehrhart Neubert. Aus dem Französischen von Irmela
Arnsperger, Bertold Galli, Enrico Heinemann, Ursel Schäfer,
Karin Schulte-Bersch, Thomas Woltermann. 998 Seiten mit
32 Seiten Schwarzweiß-Abbildungen. Geb.

Dieses Buch wird den Blick auf dieses Jahrhundert verändern.
Es zieht die grausige Bilanz des Kommunismus, der prägenden
Idee unserer Zeit. 80 Millionen Tote, so rechnen die Autoren
vor, hat die Vision der klassenlosen Gesellschaft gekostet, mehr
als der Nationalsozialismus zu verantworten hat. Mit dieser
These lösten die Autoren eine beispiellose Debatte aus. Es geht
den Autoren nicht nur um eine Generalinventur des Terrors, sie
benennen auch Mitwisser, intellektuelle Mittäter im Westen.

»›Das Schwarzbuch des Kommunismus‹ ist nicht nur eine
Chronik der Verbrechen, sondern auch eine Unglücksgeschichte
jener ›willigen Helfer‹ im Westen, die sich 90 Jahre lang blind
und taub machten.«
Frankfurter Allgemeine

PIPER

Hélène Carrère d'Encausse
Lenin

Aus dem Französischen von Enrico Heinemann. 539 Seiten
mit 16 Seiten Schwarzweiß-Abbildungen. Geb.

Ohne ihn wäre »Kommunismus« eine politische Philosophie
geblieben, hätte es keine Sowjetunion gegeben und keine
Zweiteilung der Welt im 20. Jahrhundert. Ohne Lenin wäre die
Geschichte anders verlaufen. Wer war dieser Mann?
Viele weitverbreitete Legenden werden in diesem Buch zerstört. So war Lenin kein charismatischer, die Massen mit-
reißender Politiker, sondern vielmehr ein labiler, depressiver
Mensch. Auch privat bleibt unter dem genauen Blick der
berühmten Rußlandkennerin nicht viel vom großen Revolu-
tionär übrig: Die Kampfgefährtin Krupskaja kirchlich geheira-
tet, das recht behagliche Exil in Deutschland und der Schweiz
großzügig finanziert von der bürgerlichen Familie zu Hause…
Wie konnte ein Außenseiter wie Lenin, das ist das zentrale
Thema von Hélène Carrère d'Encausse, in so kurzer Zeit ein
immerhin 70 Jahre dauerndes Imperium errichten?

PIPER

Walter Krämer
Modern Talking auf Deutsch

Ein populäres Lexikon. 262 Seiten. Geb.

Ob in der Werbung, in den Medien oder in der Alltagssprache:
Überall ist das Denglisch auf dem Vormarsch – jenes Kauder-
welsch aus englischen Begriffen und deutscher Grammatik,
ohne das heute jedermann als hoffnungslos altmodisch gilt.
Bestsellerautor Walter Krämer hat die 1000 wichtigsten Be-
griffe in alphabetischer Sortierung für den deutschen User auf-
gearbeitet – von Adventure bis Worst case.
Satirisch überspitzt, aber mit durchaus ernstem Hintergrund
zeigt Krämer, wie die Sprache systematisch verhunzt wird, wie
pseudo-weltläufiges Neusprech sich überall durchsetzt. Wer
auf der Höhe der Zeit sein und mitreden will über Handys und
Key Accounts, über Floppen und Primetime, braucht dieses
Buch auf der Party wie im Office oder am Beach.

PIPER

Dorothea Gräfin Razumovsky
Der Balkan

Geschichte und Politik seit Alexander dem Großen.
421 Seiten mit vier Karten Geb.

Alexander der Große und der oströmische Feldherr Belisar,
die Kreuzzüge, die osmanische Herrschaft und die Habsburger:
sie alle prägten die Geschichte des Balkans. Wer die gegenwärtigen Konflikte auf dem Balkan verstehen will, muß seine
Geschichte kennen.
Schon immer war der Balkan ein Abbild Europas im Kleinen,
»blieb Europa dort erhalten in seiner ursprünglichen Spannung,
Weite und Kraft«. Seine Geschichte zu schreiben, bedeutet
auch, eine Geschichte und Kulturgeschichte Europas zu bieten.
Über zweitausend Jahre, beginnend mit den Griechen und
Römern, über Osmanen und Habsburger bis zur Gegenwart,
läßt Dorothea Razumovsky Revue passieren. Um den riesigen
Stoff gliedern zu können, konzentriert sie sich in jeder Epoche
auf eine andere Region des Balkans. Der Leser lernt so den
gesamten Balkan, die Menschen, die ihn prägten, bis hin zur
friedlosen Gegenwart kennen. Die Autorin schildert nicht nur
die politischen Ereignisse, sondern legt Grundlinien der Entwicklung offen, zeigt Kunst und Kultur dieser Schnittstelle
von Orient und Okzident.